齐物的哲学

石井刚　著

华东师范大学出版社

华东师范大学出版社六点分社 策划

关注中国问题
重铸中国故事

缘　　起

在思想史上,"犹太人"一直作为一个"问题"横贯在我们的面前,成为人们众多问题的思考线索。在当下三千年未有之大变局中,最突显的是"中国人"也已成为一个"问题",摆在世界面前,成为众说纷纭的对象。随着中国的崛起强盛,这个问题将日趋突出、尖锐。无论你是什么立场,这是未来几代人必须承受且重负的。究其因,简言之:中国人站起来了!

百年来,中国人"落后挨打"的切肤经验,使我们许多人确信一个"普世神话":中国"东亚病夫"的身子骨只能从西方的"药铺"抓药,方可自信长大成人。于是,我们在技术进步中选择了"被奴役",我们在绝对的娱乐化中接受"民主",我们在大众的唾沫中享受"自由"。今日乃是技术图景之世界,我们所拥有的东西比任何一个时代要多,但我们丢失的东西也不会比任何一个时代少。我们站起来的身子结实了,但我们的头颅依旧无法昂起。

中国有个神话,叫《西游记》。说的是师徒四人,历尽劫波,赴西天"取经"之事。这个神话的"微言大义":取经不易,一路上,妖魔鬼怪,层出不穷;取真经更难,征途中,真真假假,迷惑不绝。当下之中国实乃在"取经"之途,正所谓"敢问路在何方"?

取"经"自然为了念"经",念经当然为了修成"正果"。问题是:我们渴望修成的"正果"是什么?我们需要什么"经"?从哪里"取经"?取什么"经"?念什么"经"?这自然攸关我们这个国家崛起之旅、我们这个民族复兴之路。

清理、辨析我们的思想食谱,在纷繁的思想光谱中,寻找中国人的"底色",重铸中国的"故事",关注中国的"问题",这是我们所期待的,也是"六点评论"旨趣所在。

点　点

2011.8.10

Contents 目录

1 **中国版序文**
Preface

10 **"道之生生不息"的两种世界观:章太炎和丸山真男的思想及其困境**
Two Worldviews on "The Unceasing Re-Generations of *Dao*": Thoughts and Aporias of Zhang Taiyan and Maruyama Masao

51 **"言"和"文"的真理表述:章太炎的语言实践,或者哲学话语方式**
Parole (*Yan*) and Writing (*Wen*) in the Representation of the Truth: The Literary Praxis for Seeking Philosophical Discourse by Zhang Taiyan

85 **敢问"天籁":关于章太炎和刘师培两人哲学的比较研究**
Asking "the Piping of Heaven": A Philosophical Comparison between Zhang Taiyan and Liu Shipei

117 **超越国家的国家想像:章太炎和高山樗牛**
Imagining the State That Transcends the State: Zhang Taiyan and Takayama Chogyu

144 **《庄子·齐物论》的清学阅读:反思启蒙的别样径路**
Reading the Chapter "Discussion on Making All Things Equal" in *Zhuangzi* by the Qing Scholarship: An Alternative Approach to Reflect on the Enlightenment

175 **实践的思想,思想的实践:有关个体生存的追问及"我们"的时代**
Praxis of Thought, Thought of Praxis: An Inquiry about the Individual Existence in "Our" Age

中国版序文

1

这次能够得到华东师范大学出版社六点分社的支持和帮助在中国出版此书,深感荣幸。2013年,东京大学国际哲学研究中心——通称UTCP(即University of Tokyo Center for Philosophy)为我刊行了个人论文集《敢问"天籁":中文哲学论集》。它汇集了之前我用中文发表的论文。通过重新编排,今天又焕然一新,成了正在您手中的这本书——《齐物的哲学——章太炎和中国现代思想的东亚经验》。在这里,我首先要感谢对本书产生兴趣的每位读者。我也衷心感谢为我创造此次机会,使我有幸在中国出版本书的朋友们。尤其是干春松先生和贺照田先生积极热忱地推动出版计划,一直关心工作的进展,对我来讲是莫大的鼓励;2015年在夏威夷大学参加有关李泽厚哲学的研讨会之际偶然相识了丁耘先生,他更是帮我这个身在异国他乡的老外做了重要的联络工作。

在日本刊印本书初版的 UTCP 是在国际哲学共同体中颇有名气的研究中心。该中心的学者们认为,在人类活动快速全球化的今天,最重要的哲学挑战是如何奠定"共生"的条件,为此,重新寻回人的关怀是我们人文学者不可推卸的责任,也是人文学术的乐趣所在。这种关怀应该在对普遍性的不懈探求下跨越语言、国界、民族、信条、性别、文化背景等等决定人的个人认同的一切条件,促进热爱智慧的人们之间的思想碰撞,特别是打破语言的壁垒要与不同背景的人之间构筑"友爱"关系。出于这种构想,我也有幸与很多国外学者建立了"有朋自远方来,不亦乐乎"的学术交谊,本书收入的文章就是其见证,也是 UTCP 国际共生哲学理念的体现。在此意义上,我希望特别向 UTCP 前主任小林康夫(KOBAYASHI Yasuo)先生致谢。他让我发现了国际交流的学术意义,让我知道 philosophia 乃是"友爱的智慧"之艺术。

考虑到国际之间的学术交流,语言恐怕是最大的阻碍条件之一。UTCP 历来推行学术生产的外文化。人类要"共生",第一步要与他者邂逅,为此,我们绝不应该光坐在母语圈中自足。拿我个人而言,中文应该是首屈一指的对外交流工具了。所以,UTCP 版副标题"中文哲学论集"看似很无聊,其实,意义不同寻常。在这里,"中文"已经不是以现代国民国家为单位的民族语言,而是一个内含他者的交流平台;用中文思考,写作并发言的我也已经不可能是单一语言的主体,其本身就是从可追溯的起源异化出来,拒绝本真性的多元主体了。或许,诉诸语言的主体表象实践从一开始就必然地内含他者性,用外文从事学术生产并进行交流更容易让人发觉这种内在于主体的他者性或曰翻译性。我在王德威(David Derwei Wang)教授所主持的哈佛大学东亚系研究生课程中得知 Sinophone Literature 这一术语,或译作"华语语系文学"。"中文"、"汉语"、"华语",不管怎么称呼,使用这个语言的人群散布在世界的各个角落,所以这个新的批评范畴相对于"中国文学"的提法,具有非常明确的后现代意味。我想,非中华民族血脉人群以第二语言习得中文之后,用中文从事人文创作工作是否也算 Sinophone 的例子?随着中国在国际社会上的影响增大,学会娴熟运用中文者越来越多,使用中文已经不是"炎黄子孙"的专利了。所以,Sinophone 的内涵完全可以进一步扩大,即非中华族裔的个体用中文表达自我的话语亦可纳入其范围中去。

2

由此观点出发,我想我们也可以构思 Sinophone Philosophy。"中国哲学"学科和"印度哲学"一起始建于日本明治时期的东京大学。除了这两门学科之外,另外设有"哲学"学科。言外之意,"哲学"在本质上只属于欧洲,并且他们的哲学代表着普遍的知识,故用不着冠以"欧洲"这一地域指称来命名之;相形之下,中国和印度均作为文明古国,其文化传统中不乏类似哲学的知识话语,但那些毕竟都是一种地方知识,无法代表普遍性,故加以地域性名词,表示这是针对某种地方特殊话语而言的知识体系。这样一来,前现代的漫长文明历史中,由东亚汉字圈国家和民族一直在分享的汉文话语体系,被缩小到了"中国"国民国家的历史传统。他者性的发现无疑是一个进步表现,在现代化的历史进程中,这种汉字话语的拆散和民族主体性的形成应该是有其合理的历史缘由的。现代化和现代性是立足于后现代条件中生存的我们无法也不应该否定的重要基础。何况我们东亚地区的政治社会文化在很大程度上尚未完成现代化转型!但与此同时,将"中国哲学"绑定在现有国民国家框架中,在历史上不正确,在今天的全球化情境下亦是资源的浪费。我们能否在对普遍性的关怀和渴望下将"中国哲学"放到开放的公共知识话语当中?Sinophone Philosophy 是不是能为此提供一个行之有效的方法基础?为此,从现代国民国家框架的外部介入到用中文进行的哲学思想论域中间去,应该是一个可行的步骤。我所提议的"中文哲学"大概就是出于这种思考的。

我也想对"哲学"一词做个交代。"哲学"作为 philosophy 的翻译词是在明治年间发明出来的。更早以前,如明末耶稣会士翻译介绍当时西方世界的学科体系,其中"斐录所费亚",即philosophia被译为"理科"或"理学";日本明治早期引进西方概念之始也以"理学"来翻译该词。之所以译做"理学",恐怕还是受到了程朱学术思想体系的很大影响。"理"与"真理"相通,而寻求真理应当是哲学这一学科最重要的目的。所以,将philosophia译为"理学"并无大过。章太炎继承了戴震"由文字以通乎语言,由语言通乎古圣贤之心志"这种以音韵训诂通向"道"的精神,结合小学和诸子学以及佛学建立了独特的哲学体系,而其话语实践之要可以说是:寻求逼近真理的语言表述方式。真理不在语言能够表象的范围中,但是,人只能依靠语言来进行思考,而人的语言永远是"杂糅万变"的,像"万窍怒呺"的地籁喧嚣一样。虽然如此,这种"吹万不同"才是每一个个体讴歌其生命的如实写照,我们在这种多声并存的世界当中,依靠有限的语言,寻求可能的真理表述。这是章太炎的哲学实践,也是他从《庄子·齐物论》中的"天籁"寓言得到的重要观点。在此,"天籁"是指能使每一个生命各自发出不同的声音的作用。也就是说,哲学作为多声共存的语言实践得以成立的基础乃是我们彼此之间互相尊重对待的共生关系,而"天籁"就是这种关系平台。

本书副标题"中国现代思想的东亚经验"正证明了我的最终目的在于Sinophone Philosophy,而不是意欲进一步往现有的"中国哲学"里面钻下去。虽然"中国哲学"学科成立于近代,但无需赘言,中国哲学事实上具有非常悠久且深厚的历史传统,其系统的庞大和深邃让人叹为观止。与之相对,我的学术训练集中在近代中国思想史,在"中国哲学"的浩瀚殿堂中,近现代难免显得渺小。我刚来哈佛燕京学社向同事介绍自己的研究方向是中国哲学时,很多人都会问"是儒学之类的吗?"我说我是做现代的,他(她)们便会诧异地问道:"中国现代还有什么哲学?"抑或,"你不做儒学只做现代,现代哲学只有现代新儒家嘛!你不做它,做什么呀?"这让我感到意外,但我也不能怪他(她)们。日本以京都学派为主有其自己清晰的民族现代哲学脉络,与此相比,现代中国除了现代新儒家外,的确没有在国际上具备一定认知度的哲学流派。但依我而言,这并不说明现代中国缺少哲学性思考。在我博士论文的基础上撰写并于日本出版的拙著副标题就叫做"从汉学到哲学"。普林斯顿的艾尔曼(Benjamin A. Elman)教授有经典著作《从哲学到文献学》(*From Philosophy to Philology: Intellectual and Social Aspects of Change in Late imperial China*, Harvard University Press, 1984),将明清学术范式的转变归纳为从哲学到文献学的演变,类似的历史叙述不乏其例。而我在拙著中试图论证的是中国近代有一股从清代考据学传统内部延伸出来的哲学话语。上述章太炎是其中很重要的事例。开放 Sinophone Philosophy 的可能性需要回到话语诞生的"现场"当中去寻找"哲学素",不是要为现成的哲学学科系统做补充,而是要从另类视角丰富哲学内涵,扩大哲学外延。基于此种考虑,引起我兴趣的问题便是对现代性的问询。这个工作只在现代学科体系造就的"中国哲学"话语内部进行远远不够,应该对现代国民国家框架外部的政治社会条件进行反思。这样,我把现代转型的过程看作为汉字圈,即东亚地区共同的历史经验。这种经验已经超出,也必须超出我们通常从"中国哲学"联想起来的话语范围,因此姑且以"现代思想"称之。

3

UTCP版所收文章都是旧文,而且都是在不同场合发表的独立文章,并无主题一以贯之。故本书做了一些调整,特别突出了有关章太炎的研究,略去了与此无关的几篇论文。这样,主题变得很鲜明,论题也更集中,正如书名《齐物的哲学——章太炎和中国现代思想的东亚经验》所体现。将章太炎在辛亥革命前后的思想概括称之为"齐物哲学",是日本章太炎研究前辈高田淳(TAKATA Atsushi)先生的创见,创意非常贴切(《辛亥革命と章炳麟の斉物哲学》,研文出版,1984年)。我们现在之所以比较容易走进章太炎《齐物论释》的世界中去,就是因为得益于高田先生的详细注解。本书书名本身就体现着跨时间、跨空间相呼应共鸣的学术传承关系。我的研究和思考不只属于自身的孤立存在,而是处处都与无数思想的个体相连接的存在。它是我最近所构思的"'文'的共通体"之主要观念。可以说,这个书名便是从这种共通体孕育出来的产物之一。能够参与到此共通体中间来,的确是令人感到幸福的一件事情。本书书名承蒙编辑陈哲泓先生的建议得来,特此致谢。

我还想特别指出的是第五章《〈庄子·齐物论〉的清学阅读:反思启蒙的别样径路》当初是为 UTCP、北大和纽约大学三方合作编辑的刊物撰写的,而为此文做最后一次校对工作的那一天,即 2011 年 3 月 11 日,发生了东日本大震灾。东京也难免遭遇了强烈的震感和其后不断的强余震。那时我想起了李泽厚先生在唐山地震之后在抗震帐篷中继续写作的故事,便冒昧效仿这位伟大哲学家,在余震频仍的大地震当天晚上完成了这个工作。这个"3.11"特大地震海啸给日本的社会造成了极大灾害,包括核电站严重事故等在内,至今留下了很多问题,使我从事人文研究的态度发生了一些变化。第六章《实践的思想,思想的实践:有关个体生存的追问及"我们"的时代》就是在这种认识的转变之后写就的讲演文稿,它为我其后的思考指明了一个方向。

还有,没想到本书的编订工作竟然会在遥远的大西洋东海岸的波士顿完成。哈佛燕京学社给我提供了良好的研究环境,否则埋没在大学异常繁忙的工作当中,恐怕就没有这次出版的机会了。借此我也想感谢学社的支持和帮助。此外,还有许许多多的良师益友给我提供了诸多宝贵的帮助和鼓励,每每让我受益匪浅。在此就不一一道谢了。但愿继续加深、扩大我们热爱人文智慧的友爱网络。当然,热切欢迎您也加入到这个网络中来。

2016 年 5 月 14 日
哈佛燕京图书馆

"道之生生不息"的两种世界观：
章太炎和丸山真男的思想及其困境*

绪　言

代表日本战后进步派思想的著名知识分子、日本政治思想史研究家丸山真男(MARUYAMA Masao,1914—1996)曾在《历史意识的"古层"》(1972年,以下简称《古层》)中透露了他对日本思想史传统的比较悲观的看法①。丸山毕生致力于研究日本思想史的如下进程,即:摆脱"自然"主义建立

---

* 在东京大学和华东师范大学、纽约大学2009年5月于东京联合主办的国际学术研讨会"Modernism as Movement(作为运动的现代主义)"上,作者以"从'道之生生不息'到公共空间:丸山的焦虑,汉学的政治"为题做了口头报告。本文对该报告的原稿进行了少量的修订,更改题目之后完成,后发表于《中国哲学史》2010年第1期。

① 丸山真男的《歷史意識の「古層」》当初作为《日本の思想》丛书第六卷《歷史思想集》(东京:筑摩书房,1972年)中的《解说》发表。

一种以"作为"概念为核心的主体建构思想从而实现现代性。何谓"自然"和"作为"？从丸山真男看来，自古代至现代的时代转换并非欧洲历史的专利，而是世界史必然要经历的一个普遍进程。关于现代转换，他说："如果说人类在中世纪还认为一切社会性纽带都以家族般的自然且必然的集体（所谓 societates nesessariae）为其模型，那么，近世的人类与之相反，他们尽可能地要将社会关系诠释为人类自由意志的创设物（所谓 societates voluntariae）。……人类在此之前将他所镶嵌在里面的种种社会秩序当作其命运来接受，但在这个时候，意识到这些秩序的建立和改变或废除都依赖于他的思考和意志。至此，遵循秩序采取行动的人类转而为控制秩序采取行动了。①"概而言之，这种变化的过程便是从"自然"至"作为"的转变过程，也即：人类把既有的一切社会秩序看作与人的能动性无关的时候，这种人与社会的状态可称作"自然"；人类主动地去作用于周遭世界建立社会秩序的时候，这种能动力量叫做"作为"；前者代表中世纪的思想，后者则为现代思想。在丸山的历史叙事当中，日本思想史从"自然"转化为"作为"的过程尚未走完，他叙述历史的目的并不是要给日本社会自古走过来的历程套以一个历

---

① 丸山真男，《日本政治思想史研究》，东京：东京大学出版会，1952年，p.226。中译本有：王中江译《日本政治思想史研究》，北京：三联书店，2000年。此书译者将"作为"译为"制作"。关于丸山真男以"自然"与"作为"二分的模式叙述日本思想朝向现代发展的历史，详见其第二章《近世日本政治思想における「自然」と「作為」》。

史哲学的理论体系对之加以肯定,而是借着描述历史的方式来揭示其所构思的政治思想的理想形态(也是现代形态)和现实的政治状况间的距离,对现实政治社会痛下针砭,并寻找从日本思想史进程的内部开出以"作为"为核心的政治主体之可能性。我们可以说丸山一直在渴望着日本政治社会的现代化,并且以知识分子的身份对其实现贡献了自己的力量。但他在《古层》中的表现却与这种富有批判意识的启蒙者姿态有所不同。他把日本思想史脉络中的"执拗的持续低音(basso ostinato)①"的存在作为立论的基础,试图论证日本思想史中牢固存在的模式化力量阻碍着主体形成契机的产生。"古层"论是他在东京大学讲学的晚期(上个世纪60年代)着重讲述的最主要论题之一②,与以他少壮年代所著的经典著作《日本政治思想史研究》为主的一系列锋芒犀利的文章相比,"古层"论至今遭受的批判和质疑不可谓不多。而其批判和质疑主要都针对将"日本"思想的传承和发展演变看作一脉相承之谱系的那种民族史框架而发。也有一些论者指出,这未必是丸山思想的局限性或者缺陷。我也认为我们更应该也可以看到丸山不得已以此种方式勾勒

---

① "basso ostinato"系音乐术语。中文一般译为"固定低音"、"顽固低音"等。

② 根据后来听课的学生将丸山所留下的教案整理出来的讲义录,丸山当时用得更多的词是"原型(prototype)"。但这两者所包涵的意义基本相同。参见《丸山真男講義録[第四冊]》,东京:东京大学出版会,1998年。

日本思想史的用意和苦衷的存在,继而再次把它放到可能性的地平线上进行思考。而考虑到这点,我们也许会发现,看上去就内在于日本文明史的这一思想史"公案",其实也是一种耐得住放在普遍性的视野中去思考的问题。比如,我所感兴趣的中国思想家章太炎(1869—1936)曾建立了独特的"齐物"思想。"齐物"的世界观与《古层》中的宇宙观之间具备着一定程度的同构性。关于后者,丸山勾勒出了从日本神话寓言以来一直贯穿在日本思想史里面的某种生成论思想。与丸山以悲观的态度分析问题不同,在章太炎那里,那种生成论想像反而会开出一种政治社会的理想图景。我们应该如何解释两者之间的如此区别?我们如果简单地归结它为日本和中国两个思想土壤之间的区别,会陷入文化相对论或者本质论的一种简单化谬误。重要的是,我们应仔细观察论者的内在逻辑,发现他们的困境所在,从他们所留下的文本中汲取更为丰富的思想资源。

一 丸山真男的"古层"论

我们先对丸山真男的"古层"论述做一简单的整理和归纳。首先,何谓日本思想史的"执拗的持续低音"?丸山在《古层》中以简短的一句话来概括之而称为"つぎつぎ/(と)なり(ゆく)/いきほひ"。我们暂可译之为"依次/生成的/趋势"。实质上,它由如下三个范畴组成。

（1）"依次"（つぎつぎ）的统系论：日语当中"次"字读作"つぎ"（tsugi），既可用于列举不同的事物（江户后期的国学大师本居宣长 [MOTOORI Norinaga, 1730—1801] 称之为"横向"的"つぎ"），也能当作表示相继性的副词使用（本居氏所说的"纵向"的"つぎ"）。丸山因此认为，"つぎつぎ"（tsugi-tsugi）象征着通过父子间的纵向关系和兄弟间的横向关系繁衍下去的家族谱系。这强化了尊崇"万世一系"的近代天皇制意识形态。

（2）"生成"（なり）的发生论："なり"（nari）是一个动词，其基本形为"なる"（naru），主要表示"出生"、"诞生"，而与之构成两极的相反概念为"つくる"（tsukuru），即"创造"、"制造"。"なる"的发生论所意涵的事物发生的样式没有预设造物主之类的任何创造原动力，世界上所有的事物自然而然地萌生、成长并繁殖。"つくる"则反之。丸山认为两者构成将"うむ"（umu [生产]）概念作为变数的坐标轴的两极，而"つくる"则为犹太—基督教的创世神话所代表，日本神话中的创造故事则偏于"なる"的一极以强大的磁力吸引着"うむ"。在上述"自然"与"作为"这一对术语中，我们可以将前者比拟于"なる"（naru）范畴，后者则为"つくる"（tsukuru）范畴。

（3）"趋势"（いきほひ）的价值论：先秦诸子百家专门讨论"势"概念的有法家和兵家，丸山认为日语的"いきほひ"（ikioi）与兵家的"势"概念之间有着较为密切的意义关联①。两者都表示"个人的意图和能力无法如意控制的弹力运动②",也即"自然之势",而其区别在于"いきほひ"还包含着对历史现实赋予正当性的价值判断,譬如上古时期的话语中不乏将"いきほひ"和"とく(toku[德])"等而视之的用例。

丸山认为,日本历史自古以来的上述"执拗低音"的旋律使得日本人乐意接受外来思想(包括古代来自中国大陆的儒道释思想和近代传入的西方思想),也给统治权力赋予了一脉相承的合法性(legitimacy,用丸山自己的用语则为"正统性"③)。换句话说,日本历史的传统是一种"无传统的传统",按丸山自己的话说,这是"思想和思想之间不会展开真正的对话或者对决的'传统'"。④ 他也认为"执拗低音"给日

---

① 《孙子·兵势》:"激水之疾,至于漂石者,势也。鸷鸟之击,至于毁折者节也。……势如彍弩,节如发机。""故善战者,求之于势,不责之于人。故能择人而任势。任势者其战人也,如转木石……故善战人之势,如转圆石于千仞之山者,势也。"

② 丸山真男,《歴史意識の「古層」》,《忠誠と反逆》,东京:筑摩书房,1998 年,p. 397。

③ 丸山的"正统性"是一个有歧异性的概念,主要有两种意思:legitimacy(L 正统)和 orthodoxy(O 正统)。前者构成政权的统治合法性,后者则指宗教性权威或者人所皈依的信念系统。丸山认为,在欧洲,国家政权凭借着"O 正统"的权威来巩固自己的"L 正统",与此相对,日本以天皇为核心的明治国家政权在没有"O 正统"基础之前先确立了其统治合法地位,他们为了弥补"O 正统"的缺失,后来才把天皇的神权地位(万世一系)写进"大日本帝国宪法"里面。显然,这种对"O 正统"缺失的分析直接联系到"古层"论,而正因为如此,丸山认为,日本民族对"O 正统"的渴望有时候表现为不允许有多样性的排他主义民族想像。详见石田雄,《丸山真男との対話》,东京:みすず书房,2005 年,pp. 36—93。

④ 丸山真男,《日本の思想》,东京:岩波书店,1961 年,p. 6。此书有中译本:区建英、刘岳兵译《日本的思想》,北京:三联书店,2009 年。

本的历史进程规定了历史相对主义的价值标准,从而弥补了日本思想传统缺乏本土资源的缺陷。因此他说:

> 这样,构成古层历史想像之核心的并不是过去,也不是未来,而不外乎"现在"。我们乐观面对历史的态度与对"现在"的尊重形成相互对待的关系。①

丸山用了"乐观态度"(optimism)一词来概括构成"古层"的心理要素,但这种乐观当然并不为丸山所乐观面对。因为对"现在"的无限肯定必然导致日本民族无法拥有可以贯穿并支撑民族历史而形成民族传统的某种"理念",使他们只知道在始终游移不定的每一瞬间中跟随"现在",享受"现在"。惟时势是从,无所谓其是非善恶。更使丸山沉闷不堪的另一种现实便是当代日本在经济上的成功经验。他说:

> 或许,"变化的持续"这一我们历史意识的特征,也在这方面成为了将当代日本定位为世界中最为发达的国家之原因。这种悖论应当看作是世界历史上存在的"理性诡计"的另外一种表现呢,抑或是快速走向落幕的一场喜剧?②

---

① 丸山真男,《古层》,p. 413。
② 同上书,p. 423。

概而论之,自古以来无限反复的继起性生成的线性谱系构成历史进程的"自然之势",既无预设"作为"基础,如造物主、古代圣人或者社会契约论等,也不会为人民提供建立"作为"主体的历史契机。从丸山看来,解决问题的关键仍然是要建立以"作为"为核心的政治主体原理,但很明显,如何打破"执拗低音"的"传统",能否断掉"古层"的永恒延续,这些问题无疑是他晚年面临的最大困境之一。如上所言,有很多论者认为丸山的思想史研究太过民族本位,或者是说他毕竟是一个国民主义思想家。这些批判都有一定的说服力,但如果考虑到他对这种"历史相对主义"的分析基于对日本社会一千多年来一直保持的"等质性"(homogenity)的沉重反思之上,那么,不能简单地论定丸山的命题在后现代的如今已经失去了意义。

二 章太炎的"齐物"思想

章太炎的理论旨趣,与丸山的理性主义和目的论色彩较浓的历史哲学正好相反。他不止一次地声称要反对黑格尔式的历史目的论。章氏将其代之提出的理想世界图景称作"齐物"。始成于1910年的《齐物论释》为章氏全面展开"齐物"思想的一部重要著作。其第一章有关"天籁"的阐释最为集中地展示其中心论点。"齐物"思想所表现的世界观是在所有的个体之间的绝对平等关系之上成立的多样化世界图景。在这里,

"绝对平等"并非仅指否定人类社会内部等级区别的自然权利的平等,毋宁说是世界中的每一个个体各自安于自足范围内而互不干涉的多元存在论,如章太炎所说:"俗有都野,野者自安其陋,都者得意于娴,两不相伤,乃为平等"。① 这让人想起郭象的平等思想。我们当然不能忘记户川芳郎(TOGAWA Yoshio)对其"分"概念的批判性分析。他说郭象的平等论囿于其贵族阶级所规定的保守观念,不承认打破个人分职限制的政治可能性。② 但是,章太炎在20世纪初提出这种平等论自然出于他对现实社会的独到看法,他说:

> 原夫齐物之用,将以内存寂照,外利有情,世情不齐,文野异尚,亦各安其贯利,无所慕往,飨海鸟以大牢,乐庑鹖以钟鼓,适令颠连取毙,斯亦众情之所恒知。然志存兼并者,外辞蚕食之名,而方寄言高义,若云使彼野人,获与文化,斯则文野不齐之见,为桀跖之嚆矢明矣。……或言齐物之用,廓然多途,今独以蓬艾为言,何邪?答曰:文野之见,尤不易除。夫灭国者,假是为名,此是梼杌、穷奇之志尔。如观近世有言无政府者,自谓至平等也,国邑州

---

① 章太炎,《齐物论释》,《章氏丛书》,浙江图书馆1919年刊(京都:中文出版社,1970年影印),第四叶。标点除了个别地方加以修改之外,其余都依照《章太炎全集》(六),上海:上海人民出版社,1986年。下同。
② 户川芳郎,《郭象の政治思想とその「荘子注」》,《日本中国学会報》第18集,1966年。

间,泯然无间,真廉诈佞,一切都捐,而犹横箸文野之见,必令械器日工,餐服愈美,劳形苦身,以就是业,而谓民职宜然。何其妄欤! 故应务之论,以齐文野为究极。①

章太炎主张不应该以"文野之见"把强者对弱者的支配或者改造正当化。无政府主义者虽然主张泯绝国界,但他们又未能摆脱对物质文明的崇尚,所以还是没有做到消除"文野之见"。这是他直接针对帝国主义借文明之名进行殖民化吞并而发的抗议之言。

他认为"齐物"的平等是一种"一往平等"、"毕竟平等",而这种平等是通过"涤除名相"之后才能达到的一种境界,换句话说,诸如"文明"、"野蛮"之类的外在概念一旦套在了每一个个体身上,这些个体就被安排在这一概念范畴所规定的序列当中,也便失去其所本有的独一无二性。正因为它强调独一无二,所以,"齐物"不是要以"齐其不齐"的方式来把个体摆放在平等的一条线上,而是要给世界上存在的所有事物各自独一无二的价值都予以承认,这是"不齐而齐"的平等。章太炎用"天籁"的比喻来描画这种"齐物"境界的世界理想图景。下面引用《庄子·齐物论》关于"天籁"的一段寓言:

南郭子綦隐几而坐,仰天而嘘,苔焉似丧其耦。颜成

---

① 章太炎,《齐物论释》,第四十一叶至第四十二叶。

子游立侍乎前,曰:"何居乎? 形固可使如槁木,而心固可使如死灰乎? 今之隐几者,非昔之隐几者也。"子綦曰:"偃,不亦善乎,而问之也! 今者吾丧我,女知之乎? 女闻人籁而未闻地籁,女闻地籁而未闻天籁夫!"子游曰:"敢问其方?"子綦曰:"夫大块噫气,其名为风。是唯无作,作则万窍怒呺。而独不闻之翏翏乎? 山林之畏佳,大木百围之窍穴,似鼻,似口,似耳,似枅,似圈,似臼,似洼者,似污者;激者,謞者,叱者,吸者,叫者,譹者,宎者,咬者,前者唱于,而随者唱喁。泠风则小和,飘风则大和,厉风济则众窍为虚,而独不见之调调,之刁刁乎?"子游曰:"地籁则众窍是已,人籁则比竹是已。敢问天籁?"子綦曰:"夫吹万不同,而使其自己也,咸其自取,怒者其谁邪!"①

"籁"是风从孔中穿过时发出的声音,"人籁"一般指吹箫声。我们可以从南郭子綦和子游的问答中知道:"地籁"是风穿过自然界中大量的孔隙时产生的"万窍怒呺"貌。章太炎对之诠释,这是"世界名言各异,乃至家鸡野鹊,各有殊音,自抒其意"的比喻。② 我们可以认为"地籁"喻指每个个体各自主宰自我而互不抵制的多元且多样之世界,它也是章太炎一贯主张的平等关系的体现。那么,"天籁"呢? 南郭子綦说

---

① 转引自章太炎,《齐物论释》,第四叶至第五叶。
② 章太炎,《齐物论释》,第五叶。

"天籁"是"吹万不同,而使其自己也",章太炎解释之为"原型观念"。"原型观念"是他借助于康德的范畴论而使用的概念术语。① 它作为人类理性所赖以成立的基本范畴,给自我意识的产生和从此开始发生的认知对象的理性过程奠定概念基础。在"地籁"所象征的世界中得以生存的万物之间并无任何有意义的相互关联,而"天籁"的结构性范畴维系着这一多元多样世界的整体性。

三 "齐物"思想的时间性质

由上可知,章太炎的"齐物"思想所显示的世界图景,基本上可认为是建立在共时性基础上的价值多样化的世界观念,也就是一种空间想像,正如上述极为形象的比喻。而丸山真男对"古层"的论述集中在日本思想文化空间的时间性特质,所以,我们需要将章太炎和丸山二人的思想放在可对比的维度上,再从时间性的角度来分析一下章太炎的有关思想。其实,我们也可以看到他的"齐物"思想也包含着时间性,其

---

① 据小林武考证,章太炎是从日本著名宗教学家姊崎正治(1873—1949)的《上世印度宗教史》中借用"原型观念"一词的。姊崎将"阿赖耶识"的"种子"解释为"原型观念",这后来直接为章太炎所运用。姊崎正治对章氏话语的广泛影响可见于《訄书》重定本(1904 年)。章氏其中多处参照了姊崎的观点,小林论证也有些部分甚至实为姊崎文章的翻译。详见小林武,《章炳麟と明治思潮:もう一つの近代》,东京:研文出版,2006 年,p. 70 以下。

体现可从两个方面来说明。下面详述其具体内容。

第一,依据章太炎的描述,"天籁"等于"原型观念",它直接关系到他对"阿赖耶识"(亦叫"阿罗耶识")的独特理解。他说,"天籁喻臧识中种子,晚世或名原型观念①",即"原型观念"是"臧识中种子"的别称,而此"臧识(藏识)"便是"阿赖耶识"的汉译名。他认为",阿赖耶识"是库藏记忆的一种作用(识):

> 孙卿曰:"人生而不知,知而有志。志也者,臧也……。"(《解蔽》)臧者,瑜伽师所谓阿罗耶识,……谓能臧,所臧,执臧。持诸种,故为能臧矣。受诸熏,故为所臧矣。任诸根,故为执臧矣。若圜府然,铸子母之钱以逮民,民入税,复以其钱效之圜府。圜府握百货轻重,使无得越,故谓之臧。能臧,所臧,书之所谓志也(志,即记)。②

"藏识"中的"种子"(或曰"原型观念")有六种,在唯识论的术语体系中分别叫做"世识"(认知时间的观念基础)、"处识"(认知空间的观念基础)、"相识"(认知外物存在—色声香味触—的观念基础)"数识"(算数的观念基础)、"因果

---

① 章太炎,《齐物论释》,第五叶。
② 章太炎,《国故论衡》下《明见》,《章氏丛书》,第百三十九叶。

识"(认知因果关系的观念基础)以及"我识"(产生自我意识的观念基础)。① 这些都藏在"藏识"中间,而且时刻都在通过与外界的接触受到刺激,更新其所曾受熏的信息内容。"能藏"、"所藏"、"执藏"的作用章太炎比喻为"圜府"(即钱庄所进行的存取款项交易),这也很形象地说明了之所以叫做"藏"的原因。由此可知,在章太炎的唯识学理论当中,"阿赖耶识"或曰"藏识"应该被理解为一种主体间性的认识范畴,而且这种相互性不只在空间的关系上存在,由于"藏"的三种体相(aspect)——"能藏"、"所藏"和"执藏",必然带有时间上下之间的记忆传承关系。②

章太炎的这种唯识论思想使他得以展开其规模宏伟的语言哲学论述,由于与本文主旨无直接关联,兹不赘述。③ 简约言之,章太炎的语言哲学带有明显的法理性质,"天籁"所覆盖的"齐物"世界离不开它所构成的语言体系,而且这两者之间的关系不仅仅为类比关系,而是在具体的实践层面上得到统一的。我们从他的论述可以发现,以书写方式进行的语言实践具备一种可超越时空限制的公共性质,换句话说,章太炎正是通过书写语言论述来寻求建立公共空间的可能性的。在

---

① 章太炎,《齐物论释》,第十二叶。
② 章太炎把《荀子·解蔽》中的"志"字解释为"记志"之"志",即有所记忆藏于心之意。关于《荀子》文本中对"志"字的不同解释,参见王天海,《荀子校释》,上海:上海古籍出版社,2005年,p.849。
③ 详见拙著《戴震と中国近代哲学　漢学から哲学へ》,东京:知泉书馆,2014年。

《齐物论释》中,他的公共空间构想在《庄子》的寓言与书写实践的两个层面上得以呈现出来。而在这里,阿赖耶识的三种"藏"作用为语言秩序的历时性传承提供决定性的力量。换句话说,章太炎强调的实践方式之所以可行,恰恰是因为他对书写语言的历史传承性抱有很坚定的信赖,而且语言本身就建立在一定的历史性积淀之上。

第二,《庄子·齐物论》最后一章,即著名的"庄周梦蝶"的故事规定着"齐物"世界的时间性质。《齐物论》最后一章的故事很短,全文引用如下:

> 昔者庄周梦为蝴蝶,栩栩然蝴蝶也,自喻适志与,不知周也。俄然觉,则蘧蘧然周也。不知周之梦为蝴蝶与,蝴蝶之梦为周与?周与蝴蝶,则必有分矣。此之谓物化。

究竟庄周是蝴蝶,还是蝴蝶是庄周?这一完全丧失了自我确证依据的两物更化过程在《庄子》文本中叫做"物化"。章太炎认为这不是在讲梦,而是《庄子》文本中展开轮回思想的典型章节之一。《庄子》的轮回思想和佛家有别,后者以轮回为烦恼,因而以摆脱轮回的痛苦进入涅槃的还灭之境为其所追求的理想。《庄子》则不把轮回当作痛苦的源泉,而认为这是"遣忧"(排除忧烦)的俗谛,因为庄周根本没有羡慕"寂灭"即涅槃境界。但是,章太炎却认为,庄周原来不是真的认为轮回转生是"遣忧"的契机,他最初的用意只是要让人们知道,对所化之物的认识无非是人的法执①所致,为了明示物我对待的观念实为虚妄的道理,讲述轮回之旨作为权宜而已。因此,正确的说法应为"外死生,无终始,即知一切法本来涅槃,应化不尽,即毕竟不入涅槃也"。② 由此可见,章太炎的存在论思想描绘的是一种空无的世界。万物在这个空无的世界中茫无目的地流转生灭。线性推移的时间观念在这里被彻底否定,存在的只是无限的"物化"而已。不仅如此,再严格一点的话,按照章太炎的唯识论思想,对"物化"的认识也无非是起因于"执"的迷妄。③

四 "生生不息"的"道"与"齐物"思想

与《齐物论释》同一年写就的《国故论衡》可谓是章太炎辛亥前后思想的学术思想纲领。它由上、中、下三卷组成,各卷内容依次为小学、文学以及诸子学。尤其是以《原学》、《原儒》、《原道》、《明见》、《辨性》等篇章构成的下卷,有助于我

---

① 自我意识和分类万物的对象认识在章太炎借唯识论建立的哲学思想中,均被认为是一种错误的认识。他认为世界的本然状态是无,但由于"识"的作用,尤其是"末那识"对认识对象的接合化作用使人误认为有"我",有"法",这分别叫做"我执"和"法执"。

② 章太炎,《齐物论释》,第六十二叶。

③ 其实,我们在这里还需要进一步进行研究来梳理在第一个层面上的时间观念和第二个层面之间似乎矛盾的关系。详见前揭拙著第6章。

们进一步了解章太炎"齐物"思想的丰富内涵。我们通过对《国故论衡》相关篇章的分析可以知道,章太炎是在极其有效地运用清代乾嘉汉学的思想和方法的基础上再去阐释诸子学文本,才达到其独特的《庄子》阐释的。

章太炎在《明见》中着重分析先秦有代表性的三个哲学家(荀卿、庄周、以及惠施)的思想。章太炎在那里说,庄周思想的核心是"无物不然,无物不可"的万物平等思想,而其赖以成立的存在论基础便是"自生"的观念,它否定任何造物者的存在,就主张万物只是"自生"而已。这种思想章氏称之为"黜帝"。那么,"物"如何"自生"?章太炎认为它自生于"道"。他在《原道》下篇里引用《韩非子·解老》说:"道者,万物之所然,万理之所稽也。理者,成物之文,道者,万物之所以成","物有理不可以相薄",而"道尽稽万物之理,故不得不化。不得不化,故无常操。无常操,是以死生气禀焉。"①由此可见,老聃认为万物是在"道"上生成,而且"道"中的万物都在无限变化的过程当中,万物的生与死都在"道"上发生。②章太炎接着说"死生成败皆道也",也即他完全依循老聃—韩非的逻辑来理解"道"所显现的万物生灭流转的相貌。

---

① 《韩非子·解老》,转引自章太炎,《国故论衡》下《原道下》,第百二十八叶。

② 章太炎认为《韩非子》提及老聃的《解老》、《喻老》等篇章祖述了老聃的思想,并且以为韩非对老聃思想的知晓程度胜过魏晋玄学。他一贯的主张有"儒法出于道家"之说。参见《国故论衡·原道》各篇。

《周易·系辞上》有一句话说,"一阴一阳之谓道。继之者,善也;成之者,性也。仁者见之谓之仁,智者见之谓之知。"乾嘉时期汉学大师戴震(1724—1777)对此进行了如下解释:

> 一阴一阳,盖言天地之化不已也,道也。一阴一阳,其生生乎,其生生而条理乎,以是见天地之顺,故曰"一阴一阳之谓道"。生生,仁也,未有生生而不条理者。条理之秩然,礼至著也。条理之截然,义至著也。以是见天地之常。三者咸得,天下之至善也,人物之常,故曰"继之者善也"。言乎人物之生,其善则与天地继承不隔者也。有天地,然后有人物;有人物,于是有人物之性。[1]

戴震后来发展了这种思想,总结为唯物论的性理学说,建立了独特的发生论思想,这在他著名的《孟子字义疏证》中集中表达出来。他也认为"道"的生生不息表示万物分化为各种形体的生命运动过程,说:

> 性者,分于阴阳五行以为血气心知,品物区以别焉,举凡既生以后所有之事,所具之能,所全之德,咸以是为

---

[1] 戴震,《读易系辞论性》,《戴震全书》六,合肥:黄山社,1995年,pp. 348—349。

其本，故《易》曰"成之者性也"。气化生人生物以后，各以类滋生久矣；然类之区别，千古如是也，循其故而已矣。……人物以类滋生，皆气化之自然。①

章太炎曾对戴震的思想进行过有趣的评论，认为戴震的自然概念实质上比起《孟子》更接近于《荀子》和《老子》，而后者正好与《韩非子》的法治思想具有密切的联系。所以他认为，戴震的思想事实上与《孟子》以及借之发展道德修养思想体系（以"行己"、"饬身"为其特征）的宋学互不相容，而应该属于法家思想脉络的"长民"、"隶政"思想②。以程氏兄弟和朱熹为代表的宋学思想预设着"理"的本体论地位，由此建立了庞大的形上学体系，在那里，"理"是贯通万物（"理一分殊"）的一种本体指称，"道生万物"的发生论想像在他们那里表现为始于太极的一元论。相形之下，戴震否定此说而认为"道"只是"一阴一阳，流行不已"，是万物生灭的无始无终的过程，而认为"理"不是宋儒所说的本体，并且将在"道"中生生流转的万物之间的差异当作"理"，说"理者，察之而几微必区以别之名也"。③ 这是清代汉学训诂研究的制高点之一，受教于戴震的段玉裁（1735—1815）为《说文解字》作注时，将戴

---

① 戴震，《孟子字义疏证·性》，《戴震全书》六，pp. 179—180。
② 章太炎，《释戴》，《章太炎全集》（四），上海：上海人民出版社，1985年。
③ 戴震，《孟子字义疏证·理》，p. 151。

氏"理"训统统充当于《说文》"理"字条的注释。值得注意的是,我们再回到章太炎的文章便可知,乾嘉汉学对"理"的这种诠释实质上与《韩非子》的有关论述相互发明。章氏在《原道》上篇引用《韩非子·解老》云:

> 凡物之有形者,易裁割也。何以论之?有形则有短长,有短长则有小大,有小大则有方圆,有方圆则有坚脆,有坚脆则有轻重,有轻重则有黑白。短长、小大、方圆、坚脆、轻重、黑白之谓理。理定则物易割。……故欲成方圆而随其规矩,则万物之功形矣。万物莫不有规矩。……圣人尽随于万物之规矩,故曰不敢为天下先。①

这段引文很形象地表示"理"概念所具有的接合功能(articulation)特点。这无非是戴震所谓的作为"分理"的"理"。《老子》思想所主张的统治术,抓其要点则不外乎依循"万物之规矩",为此,首先需要正确认识"道"中"理"的动态结构,才可得治。其实,这种道家的得意之论直接构成了戴震的"理"、"道"观,因此章太炎也断定戴氏的思想是"长民",并且说:"长民者,辅万物之自然,而不敢为,稍欲割制,而去甚、去奢、去泰,始于道家。"②

---

① 《韩非子·解老》,转引自章太炎,《国故论衡》下《原道上》,第百二十二叶。
② 章太炎,《释戴》,p. 123。

很多论者都认为戴震凭借着汉学训诂的方法复原了宋明理学中的几个重要概念。这固然没错,但更重要的是,此种训诂功夫所剖析出来的概念和思想,打破了宋明理学以来以"四书"为主的儒家经典结构在经学研究中的垄断地位,重新挖掘了"孔子—荀子"的儒家思想脉络。不只是戴震,乾嘉时期的汉学考证打开了溯源诸子文本的趋势,而在此过程中,原始儒家经典和《庄子》、《韩非子》等其他先秦文本都被放置在了同一个诠释学分析平台上,经过戴震之后的几代学人如王念孙、俞樾乃至刘师培等的研究,逐渐地揭示了儒家经典和诸子文本在训诂方面,甚至是经义之间的某种互补性。正如梁启超所指出,清代考证学有着"善能增高继长,前人之发明者,启其端绪,虽或有未尽,而能使后人因其所启者而竟其业"①的特长,所以,当精通汉学训诂的章太炎讲述以老庄法家为主的先秦哲学时,处处出现和戴震的训诂相符合的地方,其中有些是不谋而合,也有一些是他很自觉地祖述戴震,都是不足为奇的。

在《原道》下篇中,章太炎承接上述《韩非子》的一段文字之后,总结出"有差别此谓理,无差别此谓道"的命题,也是其一个例证。有趣的是,他接着说:"死生成败皆道也,虽得之犹无所得,齐物之论,由此作矣。"②"道"乃气化流行,万物生生不

---

① 梁启超,《论中国学术思想变迁之大势》,《饮冰室合集·文集》之七,北京:中华书局,1936年,p. 87。
② 章太炎,《国故论衡》下《原道下》,第百二十八叶。

已的流转场所,所以,一切生命的生老病死都在"道"的流转过程中间出现,所以说"死生成败皆道也"。那么,后半句呢？章太炎在此指出韩非的局限性,认为韩非只愿意讨论如何治理国家和社会的问题,不愿意看到个体和单独者的存在问题。从章氏看来,这是不对的。因为,注重治政必定泯没个人独一无二的价值,即不得不"以众暴寡"。这是主张"个体为真,团体为幻"①的章太炎所无法接受的。所以,章太炎再从"道"的包容万物任其生灭的涵义转向《庄子》的"齐物"观念,说:"庄周明老聃意,而和之以齐物。推万类之异情,以为无正味、正色,以其相伐,使并行而不害"。② 这就是"无物不然,无物不可"的平等自生思想的核心。

五 由"齐物"到"心"的发展能否开出公共空间想像？

以上分析说明了"齐物"的平等思想离不开以"道之生生不息"为代表的无目的论、非超越论的时间想像。既然"道"中万物生灭的过程无非是一种非目的论的时间观念,那么,接下来的问题应该是:章太炎的这种时间观念如何安排在其"齐物"思想里面？章太炎认为时间线性推移的预设"起于人

---

① 章太炎,《国家论》,《章太炎全集》(四),p.458。
② 章太炎,《国故论衡》下《原道下》,第百二十九叶。

心分理"的作用,把它与目的论的时间观念一并否定。这当然为他"齐物"思想的多元主义提供了一个基础,但我们不禁要问:这会不会使人坠入相对主义? 在否定了线性时间观念,完全顺任万物生化之自然的消极自由思想如何能够成为一个带有批判意义且包涵某种建构实质的政治哲学?

章太炎也并不是没有考虑到这个问题,因此,在《明见》中对《庄子》的思想提出了这样的质疑:

> (庄周)因任自然,惟恒民是适,不务超越,不求离系。故曰:"若人之形,万化而未始有尽,乐不胜计。"(《知北游》)。虽足以序神仙,轻生死,若流转无极何? 此亦庄周之所短也。①

章太炎在此指出,《庄子》的万化和自生的思想是一种随顺万物在"道"中无始无终流转下去的自然主义,无法使人为了攀升通向涅槃境界之路产生积极为善的向上心,反而更使人穷尽享受现时的快乐,无所谓真与善。他认为这是庄周思想的错误。显然,章太炎对"齐物"思想所赖以成立的《庄子》思想不免带有矛盾(ambivalent)的态度。

正如我们在本文第三节中分析,章太炎在《齐物论释》中认为庄周以轮回为"遣忧"的思想实乃权宜之计,他的真正用

---

① 章太炎,《国故论衡》下《明见》,第百四十四叶。

意在于"外死生,无终始,即知一切法本来涅槃,应化不尽,即毕竟不入涅槃"。按照章太炎的诠释,庄周"哀生民之无拯,念刑政之苛残"才自己当上了"菩萨一阐提"的角色。① 在佛教释义中,"菩萨一阐提"是为了拯救众生特意断掉进入涅槃的"善根"之意。在此,庄周"不入涅槃"已经不是章太炎在《明见》所说的"轻生死"的态度了。后来,章太炎在被袁世凯幽禁的1914年至1915年间对《齐物论释》进行修订,作为《齐物论释重定本》与其初版一起收入浙江图书馆1919年所刊行的《章氏丛书》。他在《重定本》明确指出,他撰《明见》篇时还不懂得庄周的用意,反过来批判《庄子》思想,是纯属"鴳之笑大鹏"之举②。事实上,章太炎经过《齐物论释》的撰写和修订的过程之后,在《明见》披露的《庄子》思想评价,到《重定本》时成了自我批评,公开承认《明见》篇的错误。

不仅如此,《重定本》在原有的文字上面做了一些增删之外,还增加了较长的补充。应该说,这是章氏增订《齐物论释》后第一次体现为文本的新思想内容,我们不能忽视这一变化。其核心内容可概括为"东夏众生,耽乐生趣,唯惧速死"的判断。就是说,此时的章太炎认为,中国的百姓都耽溺于生活的乐趣,就害怕没有享受尽之前早死。这与印度人为生活所苦而害怕转生之后还会经历一次同样痛苦不堪的生活

---

① 章太炎,《齐物论释》,第六十一叶。
② 章太炎,《齐物论释重定本》,《章氏丛书》,第六十九叶。

不同。所以,庄周以"万化无极,乐不胜计"来告诉人们不要耽乐于现实,过于爱惜钱财。他接着说:

> (庄周)复惧人以辗转受生为乐,故《田子方》篇复举仲尼对颜回语,称"哀莫大于心死,而人死亦次之。"夫心体常在,本无灭期,而心相波流,可得变坏,此所谓心死也。①

意思是说,庄周又担心如此告诫说不定反而使人们更以转生为乐,因此,另外立一条命题,即借仲尼之口谓"哀莫大于心死"。到了《重定本》的时候,章氏达到了此一"心"概念,他对《庄子》思想抱有的矛盾观点从此得到了初步的解决。②

我不打算在本文中分析章太炎的"心"概念所给我们揭示的问题,比如,"心"如何面对变化莫测的时间走势,保持一种超越于"现在"、"现势"的普遍价值等的问题③。本文旨趣并不在此。我只是归纳一下章太炎在《重定本》之前"心"概

---

① 章太炎,《齐物论释重定本》,《章氏丛书》,第七十叶。
② 以往的研究,例如朱维铮认为这是章太炎的思想朝向主观唯心论发生变化的标识。多数论者异口同声地指出章太炎的思想到了晚年愈趋保守,从朱先生的论点去推,《齐物论释重定本》足以当作代表章太炎晚年思想的第一部著作。参见朱维铮,《章太炎与王阳明》,《求索真文明》,上海:上海古籍出版社,1996年。
③ 在这里,我们不必质问所谓普遍价值的具体内容,因为"齐物"思想已经明确表示章太炎所认为的理想世界图景。我们可以认为,个体之间互相承认其独特价值的多样多元世界的平等关系才是章太炎所看到的普遍价值之根本。

念的诸多用例,再把其与"生生不息"的无目的、无方向的时间观联系起来,指出以下几个观点作为今后进一步深入思考的出发点:第一,章太炎的"心"主要是指阿赖耶识"种子"与外界发生接触之后形成的观念体系,所以还是离不开一定的历史性;第二,但是这种历史性永远是一种开放性的系统,这表示将章太炎以汉民族为中心的民族主义话语理解为狭隘的或者封闭的民族观念是错误的;第三,章太炎达到"心"概念不一定是中华民国成立之后他的思想趋向保守甚至落后的标识,而早年例如《学隐》①等的文章中已经窥见其模型,乾嘉汉学的追求正符合章氏"心"概念的具体内涵;②因此,第四,不应该简单地认为章氏"心"概念的提出以及对它的强调,表示他放弃了反对宋学攻击王学的旧说且与王守仁的唯心论靠拢,而应该也可以从汉学实践的角度出发,思考开出某种公共空间的可能性。

与最后一点相关联,我们在以下分析中回到丸山真男的文本,研究一下他自己如何坚持了与上述悲观看法的内在斗争并寻找了可能性。因为,讲到这里,我们才能够看到章太炎和丸山共同面临的问题。具体来说,章太炎在《重定本》中

---

① 此文收入 1904 年的重定本《訄书》,并后来经修订为《检论》所收。

② 参见拙文《理を以て人を殺さないために——清末民初期における「戴震の哲学」論再考—》,奥崎裕司编《明清はいかなる時代であったか》,东京:汲古书院,2006 年。

对《庄子》轮回思想的阐释和丸山真男对日本历史"古层"的焦虑和悲观之间,我们比较容易找到一个契合点。《重定本》时期的章太炎面对"东夏众生"的"耽乐生趣",认为这是中国文化心理的缺点,这与丸山真男指出"古层"使人们永无休止地跟从和肯定"现在"时的悲观语气和无力感实为同调。章太炎对此开出的"药方"便是"哀莫大于心死"的命题。他说"心体常在,本无灭期,而心相波流,可得变坏,此所谓心死也"。关于"心体",章氏在《重定本》的另外一个部分做过较详细的阐发,他说,破除我见(即虚妄的自我意识。我们应该想起来,按唯识论的说法,"我"是"我执",只是由于意识的对象认知作用不得不产生的虚幻)之后的空处必有此"心体",用《庄子》中的术语说,这是"真宰"①。"真宰"同时也指"阿赖耶识",但此时的章太炎对"阿赖耶识"的解释比以前更趋复杂,他把"阿赖耶识"分成"阿陀那识"和"菴摩罗识"两个部分:原来在"藏识"上所看到的储存和提取的动态作用归于"阿陀那识"(又名"心"),藏有种子而不变的部分归于"菴摩罗识"(又名"常心")。简要地说,"心"既含有客观知识的性质,也有与对象之间产生接触的主观能动性的性质,后者对"心体"、"常心"的感悟发挥无可替代的重要作用。"心"的客观知识的性质,也就是"心体"的常在不变的

---

① 章太炎,《齐物论释重定本》,第十一至十二叶。

性质,我认为应该是以其"众生依止①"的性质来决定的。这四字不如初刻本时所用的"众生公有"②好懂,也就是说,我之所以强调"心体"的依据在此。为了避免叙述的繁琐,我不打算再做进一步深入的论述。我在这里再次确认:章太炎提出"心"概念不应该理解为唯心论的回归,或者是走向唯我论的萌芽。这是章太炎在没有任何超越存在预设的存在论基础上,建立包含普遍内涵的超越论式世界模型的一种重要尝试。

六 丸山真男的《忠诚与叛逆》以及现代主体意识的内在资源

我在上一节的最后部分提到,章太炎和丸山真男看待自己所属的民族文化时不得不面对的问题,有着一定的共同性。章太炎对此提出"心"概念试图克服其困难,那么,丸山怎么样?我一向强调丸山真男在"古层"面前显示了他的悲观,但实质上,他并没有真正放弃其希望和对可能性的追逐。我们以他的《忠诚与叛逆》③为例,看一下丸山的有关思考。他在《忠诚与叛逆》里集中论述了自江户幕藩体制的崩溃至明治近代国家体制建立的转型时期,旧有的武士文化气质(ethos)如何遭致践踏

---

① 同上书,第十二叶。
② 章太炎,《齐物论释》,第十叶。
③ 即同名文集的首篇论文。《古层》亦收入该文集。

并形成了所谓"一君万民"的天皇制正统体系。①

丸山认为，随着12世纪末日本第一个武士政权—镰仓幕府的成立而逐渐确立起来的武士文化气质，离不开日本式封建机制中对于"主君"的忠诚观念②。这个观念不只是来源于君臣关系内部施恩（御恩ごおん[go-on]）和报答（奉公ほうこう[hōkō]）的利益相关性，而且它起初往往只不过是在君臣双方的具体的、个人的情谊基础上建立的，所以这个关系作为特殊的情感纽带，也是一种超越利害关系的、非理性的纽带。丸山说，与中国古代读书人观念当中的"忠"不同，武士

---

① 据饭田泰三介绍，丸山真男曾经对 ethos 这一由来于韦伯的术语做过这样的界定：

> Ethos，内在地规定人类行动方式而要求行动的品质。但是，它也在某种程度上被社会化。当然，这不一定是 rational 的，同时也不完全是无意识的。如果我们将伦理思想性的 moral 放在一边，再把情感、情操等属于 emotional 的东西放在另外一边的话，那么，它便处在其中间。

此语出自丸山于1959年度在为东京大学法学部所讲的"东方政治思想史"课程中给学生发放的课堂提纲。转引自饭田泰三，《解题》，《丸山真男講義録[第五冊]》，东京：东京大学出版会，p. 313。

② 武士集团的封建机制不同于中国古代封建统治。镰仓时期形成的农村圈地支配（庄园支配）是建立在以京都的朝廷为中心的律令体制下的圈地体系和以镰仓幕府为中心的"御家人"（服从于幕府的地方武士势力）所管辖的领地体系的二元结构之上，而且两者往往是重复的。所以，镰仓幕府的统治不一定具有无上权力能使它自如地驾驭众多御家人。幕府政权的稳定事实上依靠"以对主君的个人忠诚为机轴的私党结合"（《忠誠と反逆》，p. 22）才勉强得以成立的，换句话说，幕府政权结构不是某种合法逻辑的体现，而是武士自觉看待"武家惯习"之后采取的合理选择之产物（《丸山真男講義録[第五冊]》，p. 100）。此种幕府政治结构模式一直延续到江户幕藩体制。

社会的"忠诚"在"战斗这种非日常状态化为常态"的条件下更具有英雄主义的动态性、能动性以及随机应变性。众所周知,日本的"忠诚"一般被认为是从臣对君主的单方向绝对服从关系,所以,"为人谋而不忠乎?"(《论语·学而》)的曾参式反思(在这里,"忠"表示在人际关系上的某种道德品质,而不是在君臣关系中由下而上单方向的赤诚)在日本武士社会的语境中无法成立。但是,丸山也说,不应该把武士社会中的"忠诚"看作为静态的观念,因为,"臣不可为不臣"的绝对服从隐藏着另外一种可能,即:它"在特定的社会语境中,通过无限忠诚的行动,也会表现为促使君主成为真正意义上的君主之无间断的过程"。① 这种无限忠诚一旦爆发出它的能量来,就会排斥"中庸"和"谦让",反对读书得来的理性思考和道德修养,表现为"非理性的主体性"。这表明,武士文化气质中的"忠诚"观念实质上已经不来源于利益关系,而正因为它由来于个人情谊,就构成了武士的自我认同基础。可以说,"忠诚"观念直接给武士个人的存在和生命本身赋予了价值和意义。

那么,叛逆在什么样的条件下才可成立?丸山也承认可使对君主的反叛正当化的理论基础来源于《孟子》的民本主义思想。例如,他借江户时期历史学家赖山阳(RAI Sanyo,1781—1832)的分析,解释对朝廷发动战争获胜的镰仓幕府政

---

① 丸山真男,《忠誠と反逆》,p. 26。

权为什么恰恰通过对皇家的悖逆行动,更加巩固了其权威并得以长期存在的问题,说这是因为存在一个"既内在于历史,又超越于具体政治现实的原理",也即"基于天道思想的民本主义理念"。① 这说明,如果"主君"失去了支持其统治的"天道"基础,忠诚观念也会随之变成叛逆心理。② 问题是,对主君的忠诚在武士社会中构成每个武士的自我认同,才会有上述"臣不可为不臣"的绝对忠诚意识而使武士采取"谏诤"的行动,甚至还会采取非理性的种种行动。那么,时值"天下大势"不利于君的危急关头来临之际,如何决定从"忠诚"和"叛逆"中选择哪一种行动?忠诚的放弃或决心叛逆无非等于对自我认同的主动放弃,那么,选择叛逆难道不因为自我的分裂而带来无比痛苦?

就明治维新而论,有三个因素为武士阶层忠诚的对象从幕府转移到天皇创造了有利条件:(1)战乱的发生苏醒了经过长期和平之后一度被遗忘的武士文化气质中注重个人情谊、英雄主义的自我意识以及谏诤精神等的本来面目,这在家产官僚制(patrimonial bureaucracy)意识已经覆盖幕府政权

---

① 丸山真男,《忠誠と反逆》,p.35。
② 但是要注意,表示"不忠"不一定就等于"叛逆"。丸山说,"叛逆是不忠的某种表现形式而已"。丸山在文章中关注的是:"某个人被迫站在必须要从多元的忠诚对象中间作选择的局面,而且对某一方的原理、人格和集体表示忠诚同时意味着对另外一方的叛逆"的情况。正当这种时候,"忠诚从个人的角度看来尖刻地会引起一个人格的内在紧张"。同上书,p.11。

的情况下导致了忠诚对象向下位(例如从幕府将军下降至藩主)的转移;(2)天道的超越性质在新的形势下重新得到了确认,促进了原理和武士归属集体的现实之间的背离(儒家思想在武士社会的普及助长了对天道观念的吸收);(3)诱发于国际危机,出现了忠诚对象向上位(如从将军上升到天皇)的转移,或对象的扩大(如从对幕府的忠诚扩大至对国家的忠诚)。① 由此可知,倒幕运动在表面上看是对幕府的忠诚转化为对天皇的忠诚,即幕府转化为叛逆的对象的一次剧变过程,但实际上,参加倒幕的"维新志士"在更直接、具体的层面上,坚持了自己的忠诚意识(对藩主的忠诚,对原理上高于幕府的天皇的忠诚,或者对相对外国而言的国家之忠诚),所以对幕府的"叛逆"并不等于忠诚意识的完全丧失。

明治维新以"王政复古"的形式得以完成,这是原来互相重叠多元的封建制忠诚关系一并划归到"国民"对天皇的一元化忠诚的一次转变(忠诚转移)过程。但这只是其过程中的一个重要环节,而不是全部。这个一元化过程一直延续到19世纪80年代末90年代初("大日本帝国宪法"发布于1889年)。可见,这个过程根本不是顺利完成的。开始时,忠诚关系和叛逆行动极其复杂的交错当中反复出现了"昨日逆贼变为忠臣,王者之师变为朝敌"这样一种急速转化的现象。丸

---

① 丸山真男,《忠誠と反逆》,p.39。

山说：

> 这种忠诚的相夺和剧变既然发生在上由朝廷、幕府乃至诸藩等的单位，下至以实实在在的个人为单位的所有层次上，那么，"胜则官军，败则贼"的说法不传达压倒性的真实感觉才奇怪。①

这种局面在明治政府成立之后并没有立刻平息下来，新政权内部的夺权斗争与随着幕藩体制的崩溃失去其归属和特权的武士之安置问题结合在一起，引起了各地不满武士的叛乱，招致了"那些将校都应命排列到验收尸首的席位上，他们当中或有与贼徒为竹马之友者，亦有内外亲戚者，……又有在维新之际共同栉风沐雨同尝艰苦之友。俗谚云：差一毫则天壤易所。因一度误认了方向，身被蔑视为逆贼，伤害诸多良民，暴其尸于荒野"②的惨状。再者，全国各地的不满武士中不乏推动明治早期自由民权运动者，他们的在野运动促进了立宪和开国会的政治潮流，但由于他们的主张往往诉之于诸如自由、平等和"天下为公"之类的理念，反而遭致了国家当权者的压迫。"大日本帝国宪法"的成立是在国家政权对他们的镇压基本成功的基础之上才实现的。所以，忠诚与叛逆

---

① 丸山真男，《忠誠と反逆》，pp. 44—45。
② 同上书，p. 46。

复杂纠缠的后果不仅仅是导致了武士阶级自我认同的彻底崩溃,更为重要的是,"我们国家的'现代化'在拆解'封建忠诚'以及其基础的同时,衰减了其所包含的'叛逆'动力",①这才是丸山真男所要面对的问题之关键。因为,日本社会从此再也没有出现叛逆现象,抗拒于上的力量因没有其有效载体而从未形成。让丸山惊讶且促使他进行深刻反思的一个事实是:"1945年后的'变革时期'中,没有任何资料从人的自我内部的视角照射出忠诚与叛逆的交叉以及矛盾的力学来,或者,要把这个问题自觉化的尝试,都是极为贫乏的"。②

我们应该注意到,忠诚与叛逆的行为选择,从根本上讲,基于个人的主体意识才成为可能。上述几条酝酿明治维新变革的忠诚转移条件只是外部条件,最终决定对谁表示忠诚或者对谁进行叛逆,都只能由个人的主体选择来决定。所以,丸山站在了福泽谕吉(FUKUZAWA Yukichi, 1835—1901)的批判立场,来批判维新时期风行一时的"大义名分"论的无自我性。

> "天下大势"的客观规律只不过是种规律,"胜则官军"的事实只不过是种事实。但是福泽所无法接受的是:这种规律和事实在自我的维度上被当作忠诚转移的根据和借口。所谓绝对的名分论如果纯然成为自我内在

---

① 丸山真男,《忠誠と反逆》,p. 46。
② 同上书,p. 133。

化的东西,那么,即使它既"盲目"又"愚蠢",也不会产生那种滔滔不绝的转向。如果这样,"今之所谓大义名分者,唯在于默然服从政府之命而已"。①

这一段表明的是,"本不存忠节者,终无叛逆之意矣"②的反讽,就是说,无论忠诚还是叛逆,本来应该立于不为周遭世界的趋势所左右的,坚定不移的自我意识。随风而动的忠诚转移(或者叛逆行动)不能算作真正的忠诚(或叛逆)。丸山以明治国粹派健将三宅雪岭(MIYAKE Setsurei, 1860—1945)对无政府主义思想家幸德秋水(KOTOKU Shusui, 1871—1911)始终表示敬意的例子来着重阐明了此旨。所以,从丸山来看,从忠诚到叛逆的转化过程"同时也是与要依赖既有的自我之内在倾向之间的不断的斗争,是'痛苦难耐'的一次解脱过程,绝不单单是自我要享受从外在束缚解放出来的干巴巴的快感"。③

随着日本社会现代化的进程,武士文化气质最终躲避不开即将要解体的命运,更何况武士阶级本身就是封建机制的产物,要实现现代化,必须要淘汰。但是丸山在福泽谕吉的论

---

① 丸山真男,《忠誠と反逆》,p.56。在这里,"转向"特指日本近代史上曾出现过而且成为日本思想史上一大焦点问题的一种现象,即曾经公开表示信仰某种思想或主义的人在遭到政治压迫之后立刻改变并放弃原来的主张,甚至反过来顺从政府的意思去攻击原来他所信仰的思想或主义的那种现象。
② 同上书,p.58。
③ 同上书,p.126。

述中看到了从封建机制的窠臼中寻找催生出现代自我主体来的可能性之尝试。这是所谓"从'负片'读取'正片'"的努力,而且此种努力也应该以"我们今天的责任与行动"来进行①。正如很多论者所指出,丸山对"根本性(radical)的精神贵族主义与根本性的民主主义内在地结合起来②"的诉求具体指涉知识分子群体在现代民主主义政治体制中所应承担的角色。如果再从他曾在东京大学法学部的课程中分析 ethos 在欧美各国的表现时,将士绅(gentleman)、公民(citoyen)和士大夫等观念与武士一词相提并论的事实,③那么,我们可以知道丸山实际上要将武士文化气质中注重源于自我意识的道德情谊观念,在其与现代主体意识之间具有某种连续性的视角上,直接联接到现代"精神贵族主义"的主要载体—知识分子身上。由此看来,丸山拘泥于分析"古层"问题并不是以揭露日本思想史进程的本质性缺陷为指归的,他的真正目的在于从历史连续性的前提出发,寻找真正内在于自我的现代主体性。

七 结 语

丸山的步伐是沉重且艰难的。我认为其原因还是与"古

---

① 丸山真男,《忠誠と反逆》,p.136。
② 丸山真男,《「である」ことと「する」こと》,《日本の思想》,p.179。
③ 《丸山真男講義錄[第五冊]》,pp.41—43。

层"中总也抹不掉的对正统的欲求有关系。为什么丸山要从武士文化气质出发？武士的自我认同和英雄主义气概为什么始终离不开忠诚基础？难道日本思想史里面没有独立于任何忠诚关系的主体形成资源？

其实,中国晚清时期出现的现代启蒙思想不乏略近于福泽谕吉(或者可以说丸山真男的思想)的例子,梁启超大概就是其典型。他的"新民"思想主要期望于具有士大夫意识的读书人。他重新挖掘明代王学的思想传统试图建立"新民"现代主体,他著名的"淬砺本有而新之"①命题可以联系到以"修己治人"为主的士大夫道德观念,他把宋明理学尤其是王学的道德精神和构成现代国民国家公民主体的"新民"联结起来,展开了其启蒙主义宣传。

章太炎与梁启超之间曾发生过激烈的思想冲突,章太炎除了对王学攻击不遗余力之外,还处处反对士大夫式的"学以致用"观念,不仅如此,而且在著名的《代议然否论》中对代议制民主明确表示过反对。为什么要反对？因为章太炎认为"代议政体者,封建之变相"。② 从他来看,封建社会无非是阶级社会,中国社会早已摆脱了封建阶段,在皇权一统统治的专制国家体制中间已经实现了比封建社会远为平等的社会体系,现代代议制只能有利于地主和"豪右",这与满清贵族垄

---

① 梁启超,《新民说》,《饮冰室合集·专集》之四,北京:中华书局,1936年(1989年重印本),p.5。

② 章太炎,《代议然否论》,《章太炎全集》(四),p.300。

断特权的现行政权没有本质上的区别。他的理想政治是《老子》"无为而治"的自由放任加上保障"不齐而齐"平等状态的法理规范。他不会同意梁启超,同样不会同意丸山真男,他除了肯定自己能够主宰自己之外,拒绝一切从外部限制个人主体选择的外在建构。因此,即使有人要把章太炎思想说成现代思想,充其量它也只能是一种"否定的现代性"。这是在否定了任何积极的价值建构之上建立的独特思想,正因为如此,他才遇到了《庄子》,建构了"齐物"思想体系。但与此同时,"耽乐生趣"的问题也不能不成为困扰他的一大因素。这表明,如果没有规定某种真善美的内在标准可依,任何理论都很难落实到具体实践或政治规划当中。他的"齐物"思想和实践之间不易跨越的这一鸿沟,该如何从理论话语的维度寻求解决?章太炎提出"心"概念正是他鉴于这一点才到达的。但是要想知道他的这种新尝试是否成功,我们仍需要进一步的研究。

反过来再看丸山真男的政治思想。他以武士文化气质为出发点,在支撑它的政治社会结构一去不复返的现代社会体制当中,寻求了内在而崭新的自我意识作为现代主体的可能性。在这个漫长的寻求过程当中,他几乎必然地要诉诸某种"贵族主义"精神。正如丸山自己所说,日本的思想传统与中国不同,从一开始就缺少"作为"的理念基础。在这一点上,丸山的苦恼是相当深沉的。因为,他似乎要把武士文化气质中的忠诚观念在现代民主主义制度框架下转化成为某种主体意识,但是关于该如何跨越"对某种上级、集体或者制度的忠诚"和"对自我本身的忠诚"之间的区别这一关键问题,他好像没有能够提出行之有效的实践方案。更何况,丸山对武士文化气质中"忠诚"观念演化过程的描述以及对历史"古层"的叙述,恰恰表明"自己意识不到的对正统性的探求"这种现实和欲望除了横亘在日本的思想历史进程之外,还若隐若现地影响且限制着丸山自己的思路。① 丸山为什么始终没有能够绕开或摆脱这种思考框架? 这种悖论当然不是丸山真男一个人的困境,而是今后还会困扰日本社会的问题。

但是,恰恰因为丸山要从以"忠诚/叛逆"为轴的武士文化气质寻找打破"古层"的无味反复建立现代主体的可能性,也恰恰因为章太炎的"齐物"思想最终要诉之于"心"来寻求内在实践准则,我们才能够将对"现代"观念持论几乎相反的日本和中国两个伟大的思想家放在一起进行比较。他们在各自的分析话语里面都要对某种内在于个人的自我意识予以关注,其分析的后面都存在着对一切顺从自然的"无为"、

---

① "自己意识不到的对正统性的探求"一语出自丸山真男自己的言语。石田雄认为:"'自己意识不到的对正统性的探求'是指下述关系,即:自反对'国民道德论'和'国体论'意识形态出发,要澄清根植于现实生活的'国民思想'(津田左右吉语)和'日本性格'(长谷川如是闲语),或者'常民'、'日本人性'(柳田国男语)的努力,后来逐渐在排除'非日本人性'和'非国民'的趋向中被利用。"(石田雄《丸山真男との对話》,p.74)

无"作为"世界观或者历史过程的独特判断。相反的是,章太炎认为这种自然化的状态是一种理想世界图景,而丸山则认为这是阻碍日本社会现代化进程的症结所在。他们对政治社会现实的判断几乎是相反,但对自己诊断出来的病症开出的药方却何等相似?我们应该提出的问题已经很清楚,即:我们如何看待这种区别和相似性?我们思考这个问题,我认为不应该把它化约成日本和中国两个社会文化心理结构的差异,而应该以从普遍的视角重新审视个人生存的态度去进行理论话语研究,这种态度才是接续章太炎书写语言实践的最佳方法。

众所周知,丸山真男在1940年代的"非常时期"带着"超学问的动机"写就了其经典性著作《日本政治思想史研究》①。这是他在政治社会的黑暗当中通过他的写作行为完成的作为抵抗的一次实践。这仿佛章太炎笔下的乾嘉汉学派的学术研究。章太炎所建立的语言哲学离不开他对书写语言实践价值的无限关怀。我之所以强调他的"心"概念应该从与乾嘉汉学派的学术连接起来的角度去理解,正是因为后者的"学隐"姿态足以让人知道,章太炎所重视的书写实践在政治压迫严重的时代条件下,具备着何等重大的价值。而且丸山和章太

---

① 丸山真男回顾该著作的撰写动机时曾说:"关注明治维新的现代性质,乃至德川社会中现代因素的成熟,不只是对我个人有意义。对法西斯主义历史学抱有强烈的抗拒意识的人们,他们都把这个当作拼命守护的根据地。"(丸山真男,《あとがき》,《日本政治思想史研究》,p.8)

炎虽然在思想上有如此大的不同,但在实践的层面上却有着相对一致的地方。这为我们思考如何对待周遭世界,如何保持个人独立精神的问题,仍然提供着无比深刻的启示。

> 2009 年 5 月 17 日写于多摩鹤牧
> 2009 年 8 月 6 日改订

"言"和"文"的真理表述:章太炎的语言实践,或者哲学话语方式[*]

绪　论

章太炎在辛亥革命前后的一段时期,对《庄子》尤其是对其《齐物论》进行过全面的阐释。结集为《齐物论释》的章氏哲学思想体系,本文借高田淳(TAKATA Atsushi,1925—2010)的命名以"齐物哲学"之名来概括。要其宗旨,可以说:以"不齐而齐"的"一往平等"为主题,试图建立"推万类之异情,以为无正味正色,以其相伐,使并行而不害"的政治哲学。他用《庄子·齐物论》中有关"地籁"与使之"万窍怒

---

[*] 本文首度发表于复旦大学文史研究院 2009 年 12 月 15—16 日举办的国际学术研讨会"History, Identity, and the Future in Modern East Asia: Interrogating History and Modernity in Japan and China"。后收入复旦大学文史研究院编《民族认同与历史意识》,北京:中华书局,2013 年。

呒","吹万不同"的"天籁"的寓言来勾画其理想图景。他承认"公理"作为"众所同认之界域"的意义在某种条件下确可成立,但他又拒绝"公理"包涵以"事事皆合理,物物皆善美"为指归的目的论,因而要以"无物不然,无物不可"的"齐物"式平等观念取而代之。众所周知,章太炎提出"齐物"概念建构为一个思想体系是他要用来强烈控诉以文明之名蚕食亚洲的帝国主义势力。沿着这个线索,有人认为章太炎在批判普遍主义话语或者以西方为中心的现代性,而提出民族本位的抵抗思想,或者是"反现代的现代"思想。但是,我认为,不能由此就认为章太炎要站在普遍主义的对立面来反对承认普遍性,而实际上,他的齐物哲学之所以有价值,恰恰是因为他的理论立基于某种普遍性诉求之上。他从"公理"概念的界定和检讨出发达致"齐物"概念的分析理路证明这一点。

本文站在如上预设,试图阐明章太炎"哲学"所赖以成立的话语方法特点,为探索中国现代哲学的可能性提供一个视角。

一 哲学和章太炎

如何给"哲学"一词下一个定义是个永远无法解决的难题,中西之间围绕"中国传统里面有没有哲学?"的讨论今天还在全世界范围展开,其原因大部分也在于此。谁也无可否认的是,"哲学"即 philosophy 无疑是欧洲来源的词语。这个事实并不是否定中国传统话语里面存在着丰富的"哲学素",但"哲学素"的存在却并不等于包涵那些的思想话语从一开始就以哲学之名被叙述下来。真正以哲学为名叙述知识话语的传统应该说是在晚清学术转型期之后才第一次出现的。所以,本文把"哲学"一词的适用范围限定在日本西周(NISHI Amane,1829—1897)翻译 philosophy 而创的新词"哲学"进入到中文语境之后的有关知识话语之内。

关于哲学的方法论特点,西方的哲学方法当然也不尽相同,但有一点还是可以说清楚,那就是,欧几里得几何学的演绎逻辑为西方哲学话语提供了基础。中国传统思想里有无演绎逻辑思维?根据不同的取径,可以说有,也可以说无。我们断不能妄下论断。不过,还是可以找到一个线索,即:清代朴学的方法改变了以往的逻辑方式,而其转戾点可以追溯至晚明。关于晚明清初在逻辑方法方面的一大转变,木下铁矢(KINOSHITA Tetsuya,1950—2014)有一个很恰当的解释:

> 《毛诗古音考》显示了一种发展:之前的"叶韵"说是一种因情况而异的,"没有准谱"的苟且方法;而它所显示的是,通过对《诗经》总体的调查确定一个字贯穿所有场合的音值的方法。……我们把它简单地概括为从"特称"考察阶段到"全称"考察阶段的发展。……全称命题的证实和提出确立为一个研究方向在一个学术研究历史

上具备着决定性意味。也就是说,一个学术研究这样才能够朝着(1)实证的、(2)理论的方向去发展。①

《毛诗古音考》是陈第(1541—1617)的著作,按木下的叙述,陈第有开此风气之功,真正具备这种方法,建立体系化知识是在乾嘉时期戴震(1724—1777)和段玉裁(1735—1815)的时候。"全称命题的证实和提出"在清代音韵学上的出现,应该是极其重要的标识性事件。梁启超(1873—1929)以"归纳法的运用"来说明清代学术的科学精神。这是基于以培根为首的实验科学使西方学术思想进入现代阶段的观察。但是,纵观中国的天文历算学、医学等科学思维便可知,其实,中国人历来善用归纳法,反过来,类似于《几何原本》那样的严密的演绎逻辑,即使不能说一点也没有,但也应该承认极其贫乏。② 木下所谓"全称命题的证实和提出",在清朝音韵学方法上的确立就是意味着以《几何原本》为典型的演绎逻辑方法在中国知识话语上的出现。梁启超的清代学术史叙事在这

---

① 木下铁矢,《「清朝考证学」とその時代》,东京:创文社,1996年,pp. 115—116。

② 关于《几何原本》的传入对中国知识话语的影响,请看 Peter M. Engelfriet, *Euclid in China: The Genesis of the First Chinese Translation of Euclid's Elements, Books I-VI (Jihe Yuanben, Beijing, 1607) and Its Reception Up to* 1723, Leiden; Boston; Koln: Brill, 1998(中译本:纪志刚、郑诚、郑方磊译,《欧几里得在中国:汉译〈几何原本〉的源流与影响》,南京:江苏人民出版社,2009年)以及安大玉,《明末西洋科学東伝史:「天学初函」器编の研究》,东京:知泉书馆,2007年。

一点上不惬人意。实际上,章太炎对皖派学风的判断还是很中的的:"分析条理,皆宓密严瑮,上溯古义,而断以已之律令"。①

如果上述判断能够成立,即从晚明到乾嘉时期之间有一个逻辑方法上的根本性变化发生的这一假设成立,而且这一转变过程表现在小学领域中的话,我们应该从这个方面重新分析清代乾嘉期经学话语,尤其是汉学派的学术思想话语。正是他们深谙以音韵论为主的小学,推动了考证主义经学运动。例如,戴震以《孟子字义疏证》为主的著作一般被视为清代"哲学"的巅峰之作。这是在以宋明理学为发端的哲学思想史脉络中的一种判断,但我们也可以把它放在晚明至清知识转变的学术史框架里面去重新阅读。这样,或许能发现完全不同的面貌。② 因为戴震本身就是这一转变过程的集大成者,也是清代最重要的小学家和天文历算学家(毋庸讳言,清代算学大多都在晚明传入的"西学"基础上展开),从上述角度重新阅读戴震文本可以让我们有效连接他的小学和义理之学,并由此打破将经学义理话语等同于哲学话语的联想方式,扩大哲学思考的视域。

章太炎是公认的晚清小学大师,充分吸收清代朴学所积

---

① 章太炎,《检论·清儒》,《章太炎全集》(三),上海:上海人民出版社,1984年,p.474。

② 请参看拙文《戴震の学術思想における「聖人」の作用について》,《中国哲学研究》第20号,2004年。

累的理论知识和方法,可谓皖派嫡传。其对皖派学风特点的认识程度之深刻,自然不是梁启超所能企及。章氏自己也多次承认戴震以及其他以皖派为主的乾嘉汉学家给他带来了极大影响。本文开头处提到的有关"公理"的思想,正是章氏直接从戴震继承下来的认识论框架。[①] 所以,分析章太炎的哲学思想,我们可以认为其与戴震的框架之间有明显的系谱关系,章太炎很自觉地吸收戴震的学术(以及以他为主的乾嘉汉学在思想和方法上的成就),并对之进行了批判继承。问题是,从戴震过渡到章太炎的过程中,究竟有何重要的变化?最显著的例子,即章太炎对"公理"的态度:他在《四惑论》中用"公理"一词来祖述戴震总结的"理"概念,但在其结尾处,他突然放弃使用"公理"概念,以"齐物"概念来取代。从"公理"到"齐物"的跳跃正标识着戴震和章太炎之间最重要的分野。章太炎的齐物哲学不可能是对戴震的简单继承或发展,而是一种批判继承。如果说戴震是晚明清初知识转型的产儿,全面展开了以"全称通则的证实和提出"为核心的知识话语,那么,章太炎则是在以戴震所建立的体系为基础的条件下,试图突破其局限性。这一变化凸出地表现为"公理"到"齐物"的跳跃。

我们可以说,章太炎和王国维(1877—1927)一样可以算

---

① 侯外庐早已指出过这一点。详见侯外庐,《近代中国思想学说史》,生活书店,1947年。

作治哲学(philosophy)的第一个中国人。但众所周知,王国维治哲学的道路是坎坷不平的,甚至最后他被迫中辍。章太炎也和王国维一样很自觉地去从事哲学研究。不同在于,他把哲学这一外来学科概念成功嫁接到了中文语境,也就是说,在哲学概念的本土化方面,他应该算是最早获得成功的例子。章太炎在治哲学方面的自觉表现在对真理价值的体认。他1909年在《国粹学报》上发表短文,说:

> 弟近所与学子讨论者,以音韵训诂为基,以周秦诸子为极,外亦兼讲佛典。盖学问以语言为本质,故音韵训诂其管龠也;以真理为归宿,故周秦诸子其堂奥也。……近世言汉学以其文可质验,故龂言无由妄起,然其病在短拙。自古人成事以外,几欲废置不谈。汉学中复出今文一派,以文掩实,其失则巫。若复甄明理学,此可为道德之训言(即伦理学),不足为真理之归趋。……惟诸子能起近人之废。(《国粹学报》己酉年第10号《通讯》)

在这里,我们能看到,在章太炎的逻辑里面,寻求真理定要回到诸子学文本,而且阅读这些文本又必须要依靠汉学音韵训诂的方法。1910年,他在日本印行了《国故论衡》第一版,这本章太炎学术纲领依次由小学、文学及诸子学的三卷组成。很显然,这是对应着"以音韵训诂为基,以周秦诸子为极"的说法。① 卷下《诸子学》中有一篇叫做《明见》的文章里,他明确表示他作为哲学思考的对象研究先秦诸子。可见,对他来说,治子学就等于治哲学,当然,治哲学的旨趣在于寻求真理。

二 清代朴学的方法和章太炎的哲学方法

也许有人觉得,他的这种排列三门学科的方式似曾相识。我们对照一下戴震的如下表白:

> 呜呼！经之至者,道也;所以明道者,其词也;所以成词者,未有能外小学文字者也。由文字以通乎语言,由语言以通乎古圣贤之心志,譬之适堂坛之必循其阶,而不可以躐等。②

戴震认为,儒家经典给人类展示着"道"的全部内涵。所

---

① 《国故论衡》初版于 1910 年在日本印行之后,中经数次修订,到了 1919 年浙江图书馆刊行《章氏丛书》时最终定稿。后者系 1915 年上海右文社所刊同名丛书的修订版本。现在通行的《国故论衡》有浙江所刊《章氏丛书》本(以及其排印本多种)和以 1910 年初版为底的简体横排点校本,即陈平原导读的上海古籍出版社 2003 年刊本。《丛书》本和初版本篇目不同,相互比勘可窥章太炎思想演变之迹。我所依据的是日本中文出版社 1970 年影印出版的浙江本。
② 戴震,《古经解钩沉序》,《戴震全书》六,黄山书社,1995 年,p. 377。

以,如果能正确阅读经书,"道"也自然可知。阅读经书的唯一途径是了解它的每一个词(语言),而了解词义首先要弄清构成词的每一个字的意义。依着"字—词(语言)—经(道)"的次序像爬阶梯一样渐趋而进,最终将到达对"道"的体认。戴震所说的"道"包含着很复杂的意涵。因为他生前从事的注疏辑佚校勘工作不是简单恢复经典原貌,他的经学研究有很多都是属于创造性的,如《考工记图》等可算作其典型。他的这种学术特点,在无限强化经书权威的同时,更重要的是,也在儒家经典阐释学中输入了很多溢出儒家思想信念之外的客观知识内容。其中,难免掺杂一些戴震自己错误的认识,但他在注释经书或者"复原"经书的过程当中,注入很多"科学"知识的事实却不可否认。[①] 所以,他的"道"中既包括宋学式的修齐治平理想(伦理),也隐含着客观知识(真理)的意思。不过,就从上述戴震解经的特殊方法而言,如果他碰到客观知识和经书记载相悖的情况,他很可能采取权宜办法来有意迁就经文,但不会认为科学知识有误。所以,"道"中的客观知识涵义实质上还是很浓的。由此看来,戴震和章太炎之间最根本的区别并不在于"道"和"真理"这两个措辞的不同,而在于其载体的差别。戴震和章太炎都认为学术的阶梯按"字(小学)—词(文学)—道(真理)"的顺序走上去,所依据的文本则

[①] 有关这方面的详细分析,请看近藤光男的《清朝考证学の研究》(东京:研文出版,1987年)和他所译注的《国朝汉学师承记》,东京:明治书院,2001年。

一为经书,一为子书。章太炎对经书的否定是对汉朝以来儒家独尊的否定,他效法章学诚(1738—1801)"六经皆史"说,认为经书和其他先秦子书没什么两样,都是起源于官书。① 因此,他有一句话云:"九流皆言道"。此话也出现在《明见》里面。如上所述,这篇文章可算作章太炎哲学观念的集中表现。我们看一下其开头几句:

> 九流皆言道。道者彼也,能道者此也。白萝门书谓之"陀尔奢那",此则言"见"。自宋始言道学(理学、心学皆分别之名),今又通言哲学矣。道学者,居于一家;哲学者,名不雅,故搢绅先生难言之。孙卿曰:"慎子有见于后,无见于先;老子有见于诎,无见于信;墨子有见于齐,无见于畸;宋子有见于少,无见于多。"(《天论》)故予之名曰"见"者,是葱岭以南之典言也。见无符验,知一而不通类,谓之蔽(释氏所谓倒见见取)。诚有所见,无所凝滞,谓之智(释氏所谓正见见谛)。②

简单而言,章太炎说,有关"道"的思辨是哲学,但他因为其"不雅"故,另起一名,叫做"见",见乃哲学也。"见"实际上

---

① 章太炎,《章太炎的白话文·论诸子的大概》,贵阳:贵州教育出版社,2001年,pp. 100—101。
② 章太炎,《国故论衡·明见》,《章氏丛书》浙江图书馆1919年刊本,京都:中文出版社,1970年影印,p. 138。

也是一个翻译词,原来来自印度婆罗门的"陀尔奢那"(darsana)。章氏说,即使得到了一个识见,它既没有证据,也没有成为普遍适用的通则的话,这个识见还只是"蔽",不是真理。借用戴震在《孟子字义疏证》中的词语,这个"蔽"也可以说成是"意见"。确实有了一种识见可以普遍通用的话,才可称作"智",就是真知灼见了。这有关"蔽"和"智"的界说很符合于"全称命题的证实和提出"。可见,从清代朴学在音韵理论方面的逻辑思考已经牢牢地扎根在章太炎理性思考的内部。这也是章太炎的哲学和西方传统下的哲学共同的方法论基础。

"道者彼也,能道者此也"则表示章太炎哲学特有的方法或者取径以及其特点所在。由他看来,"道"是"能道"的,但是"能道"而达到的"道"非"道",因为"道"是在"彼"的,"能道"和"道"无法统一。所以他只能说"见"而已。他在《国故论衡》下卷中的另外一篇文章里说:

> 见与痴固相依。其见愈长,故其痴亦愈长。而自以为智者,诚终身不灵哉!①

"见"本来与"痴"相伴,这可说是章太炎对《老子》"道可道,非常道"的注脚。从佛学唯识论的角度说,"见"只不过是"我见"。"我见"是因为"意根(末那识)"附丽"阿罗耶识"(也称

---

① 章太炎,《国故论衡·辨性下》,p. 160。

"阿赖邪识")误以为有"我"而产生的一种谬见。人因为有"识"的作用,对外界形成能够分门别类的认识,这种认识本身并不是戴震所说的"意见"(或者是"蔽"),而是大家一致认为的那种共识,或者通则。按戴震的话说这是"理",用章太炎运用佛学的术语说这是"众同分"。① 根据章太炎解释","众同分"为"人所同然"之义。戴震说"理"是"心之所同然"(引《孟子·告子上》)。② 可见",众同分"和"理"意思都差不多。"人所同然"的"众同分"就是在语言符号体系层面上显现出来的规律而言。但"众同分"既然是人的意识所产生的东西,还是囿于"见",不可以等同于物。章太炎这样就道破了人的语言不能等同于物本身的道理。所以,对他来说,哲学虽然是通向真理的唯一途径,但是,他更深刻地知道哲学所能够到达的真理只是在语言层面上的"真理"。"道"毕竟永远是在"彼"的。③

不过,章太炎在哲学方面的思考远不是到此而已。他不是说"能道者此"吗?这里,我们完全可以发现他还是相信人在

---

① 关于戴震"理"和章太炎"公理"的关系,我曾经在《理、势、语言以及个人的生存:汪晖〈现代中国思想的兴起〉》一文的章太炎论所引发的思考》上论及过。另外,用日文发表的文章也有同样的解释。参看拙文《理を以て人を殺さないために—清末民初期における「戴震の哲学」論再考—》,奥崎裕司主编《明清はいかなる時代であったか—思想史論集—》,东京:汲古书院,2006年。

② 戴震,《孟子字义疏证》卷上《理》,《戴震全书》六,p.153。

③ 我们在这里可以发现戴震和章太炎之间的另一个区别:戴震在其求真路径中并没有明确意识到"道"和"理"之间的区别;在章太炎那里,"道"非"能道",人的理性思维所能达致的"智"并不是对"道"本身的体会。

知性活动里面可以发挥能动性的。对"道"观念的诠释上,我们可以找到戴震和章太炎之间的区别。简言之,戴震的路径是比较彻底的反形上学。他从"天道"和"人道"两个层面来解释"道"。"天道"是指万物流转生灭的客观世界有条有理的变化过程的整体","人道"则是日常生活中的一切行为举止。不管是哪一种意义上讲"道",戴震都不承认现象背后有本体或者实在的预设。章太炎则说,与有差别的"理"相比,"道"是"无差别"的。他接着说",死生成败皆道也,虽得之,犹无所得"。①正如《五无论》中所讲,章太炎认为世界的本然状态是无,但这个"无"是基于人囿于名相定下判断的"见",是有是无,其实无法证明。所以,章太炎再设置一层哲学之外的维度—宗教。本文无意探讨他的宗教观念的内涵和相关的问题,但有一点需要指出的是,章太炎是在给信仰留出余地的基础上,要深入探究在"见"层面上的真理表述以及由此推演出来的正义标准问题的。所以,他在"能道"上的主观能动性依赖于对"道"作为本然状态的信念。

三 《说文解字》在章太炎文论中的意义

所以,对"道"的追索是在"见",或者人的"众同分"即语言对物的分节(articulation)功能的范围里去表述有限真理的

---

① 章太炎,《国故论衡·原道下》,p.128。

一种理性活动(按章太炎的话说,"随顺有边")。由此看来,章太炎哲学(即"见")的实践意味是很浓的,而且只有在这个意义上,人的主观能动性才得到具体化。因此,我们需要关注他的这种语言实践具有何等形式特点。换句话说,以声音表达出来的口头语言(parole,或者"言"、"言语")和以文字形式记录下来的书写语言(ecriture,或曰"文")这两个语言形式在章太炎的话语方法上如何定位？这是我们进一步去思考章太炎哲学的具体内容时首先要澄清的问题,也是本文的旨趣所在。"言"、"文"关系在章太炎的思考里面构成相互纠缠的复杂关系。比如,他在《齐物论释》里面以"天籁"和"地籁"的比喻,展开世界中的所有个体都可以用自己的声音"自抒其意"的平等思想。这是他对声音多样性价值的无限认同。但在另一方面,他又要求严格运用以《说文解字》为准的古正字,主张纠正由于别字、通假等讹误的积累形成至今的通俗文字用法。乍看上去,他一面支持声音的多样性,一面主张使用汉字的严格规范化的做法即使不说是矛盾,也很难理解其用意。实际上,这个问题直接关联到章太炎如何建构以求真为目的的话语体系的问题。也就是说,声音和文字在话语选择上的张力问题能让我们对章太炎的哲学话语实践有关的思想增加了解和认识。

章太炎齐物哲学的一大特点是对声音中心主义的否定。也许这种判定引起有些人的驳难:章太炎以《新方言》为主的小学研究难道不是对声音价值的充分认可吗？他不是通过

"因声求义"的方法复原了声音变转的踪迹,重新系统安排汉字吗?他不对汉字拼音化有开拓之功吗?就方言问题而言,章太炎的有关思想不一定和刘师培(1884—1919)的初衷一致,他始终没有积极主张泯灭方言的区别实现全国语言的标准化统一。"通口语"会带来的便利他也很认同,①但如果由此带来方言的消失,那么,他所期望的中文现代化也会变得无从实现。比如,从他看来,方言中间有保留古音者不少,而这些古音并非无其字,字只是随着时代的流变,逐渐地被人遗忘而已。"因声求义"在章太炎的小学当中不是要强调声音对意义的制约,而是根据依声辗转为义的文字通借演变过程来追溯古字古义以至激活《说文》九千多字。他说:

> 中国之字,非少也。今小篆九千文,以为语底,其数过于欧洲。累而成名,则百万以往。然自北宋之亡,而民日訾偷,九千之底不能尽识也。……若其所以治百官,察万民者,则蔑乎橄移之二千而止。以神州之广,庶事之博,而以佐治者廑是,斯亦过省削矣。②

---

① 《訄书 重定本·方言》,《訄书 初刻本 重定本》,北京:三联书店,1998年,p.211:"夫十土同文字,而欲通其口语,当正以秦、蜀、楚、汉之声。"是文后来收入《检论》,章氏对之加注谓:"右《方言》篇,亡清庚子、辛丑间为之。时念清亡在迩。其后十年,义师亦竟起于武昌。然正音之功,卒未显著。"(《检论·方言》,p.488)

② 章太炎,《检论·订文》,p.489。

所以,对方言的考索,其旨趣在于了解"繁而不杀"辗转增加的古汉字孳乳之迹。① 恢复古字古音的目的并非出于仰慕远古的怀古趣味。章太炎认为,和在西方盛行的词源学一样,"推见本始"有益于中文语汇的丰富化。② 恢复古字如何能服务于中文的丰富化? 章太炎认为"古义有精眇翔实者"可以用作诸种概念的名称,如"奯"可以表示"自圆心以出辐线,稍前愈大";"㠯"可以表示"望两物平行者,渐远而合成交角";"輟"可以表示"驰车中止,少顷即行";"暨"可以表示"南北极半岁见日,半岁不见日"。③ 但这岂非迂阔! 对此,章太炎认为:"西方新语,多取希腊,或本梵文,腐殨之化神奇,道则不易"。④ 章太炎的真正用意乃在于撷拾古字以备表示新概念之用。现代化不可缺少的概念更新问题,他认为可以通过考索词源和激活古词的办法来应付,而研究方言是拾取古字古义最为有效的办法。因为文辞中长久少见的很多"废弃语"可以在方言中见到,即":文辞则千年旷绝,鰠谚则百姓与能"。⑤

---

① 繁而不杀"是章太炎解释六书中"转注"的意思时说的。至于"转注"的界定,他说:"方语有殊,名义一也,其音或双声相转,叠韵相迆,则为更制一字,此所谓转注也";"转注者,繁而不杀,恣文字之孳乳者也"。详见《国故论衡·转注假借说》。
② 章太炎,《新方言序》,《章太炎全集》(七),上海人民出版社,1999年,p. 3。
③ 以上诸例,皆见于《检论·正名杂义》,pp. 496—497。
④ 章太炎,《检论·正名杂义》,p. 508。
⑤ 章太炎,《检论·正名杂义》,p. 509。

"小篆九千文"是指《说文解字》所收的9353字。章太炎认为中国本来就有《说文》开列的九千多字,以此为本,包括组合两个以上汉字而成的多音节词(章氏称之为"累名"),足以应付千变万化,也不至于汗漫无际。但随着时代的流转,人们对汉字的了解逐渐衰弱,今所常用字仅为两千。仅仅两千字怎么能足以表达包罗万象?他认为用字量的减少是因为人们用通借(通假)的方法来把原来具有特定意义的字挪用到别的意义之故。① 原来这种挪用只是挪用作别字,当初也没有被认为是正确的用法,但久而久之,一旦约定俗成,就没有人知道如此用字的来由,更不知道其错误了。所以他认为有必要"以明本字借字流变之迹",②恢复《说文》起初的正字本义。那么,为什么章太炎如此规避汉字的通借流变,要将《说文》作为统一用字之要?他对这个问题是这样解答的:

> 盖自轩辕以来,经略万里,其音不得不有楚夏,并音之用,只局一方。若令地望相越,音读虽明,语则难晓。今以六书为贯,字各归部,虽北极渔阳,南暨儋耳,吐言难

---

① 《论文字的通借》详细举例,如关于"元亨利贞"的"贞"字,他说:"《说文》说,'贞,卜问也'。《易经·文言》说,'贞者,事之干也。'两义全不对,就知道贞是借用。借用什么字?《说文》说,'桢,刚木也。'引伸作刚的意义。桢、干是同类的东西,既然说'贞者,事之干也',又说'贞,固足以干事',就知道贞字本来应该写桢字。……这种字原来都有本字,却用声音相同的字去代,所以唤作通借,不唤作假借,原不在六书条例之内。"(《章太炎的白话文·论文字的通借》,p. 105)

② 章太炎,《小学答问》,《章太炎全集》(七),p. 415。

谕，而按字可知，此其所以便也。①

他说，中文拼音化有一个弊病，即：制定拼音的过程必然离不开在各地方言中间进行取舍，取舍的标准大概以"荣华"为准，即现在的政治文化中心地区的语言有可能被选为标准音。这有违于方言之间的平等关系，以"自抒其意"为贵的章太炎不会同意这种做法。但如果不以标准语音规范口语，则各地方言发达的多样性无法使异地间的口语交流顺畅进行。所以，根据《说文》六书造字法尤其是转注和假借这两个"语言变易之端"，重新在《说文》给定的框架里面安排汉字，就可以跨越地区之间的语言差距，可用文字沟通其意。所以，顺应声音的多样性的同时坚持文字的统一为的就是为与他者的邂逅敞开其径。在这里，我们还是不能将章太炎对《说文》的如此推崇理解为以古为尚的价值取向所趋。因为他并不认同以出土文物来搜集古字异文的考古方法。② 这种考古

---

① 章太炎，《国故论衡·小学略说》，p.2。
② 详见，《国故论衡·理惑论》，p.50。章太炎说："夫治小学者，在乎比次声音，推迹故训，以得语言之本。不在信好异文，广征形体。"显然，他的目的不是搜罗古字，而求得"语言之本"。他又接着说："曩令发玉牒于泰岱，探翩翼于泗渊，万人贞观，不容作伪者，以补七十二家之微文，备铸器象物之遗法，庶可矣。"也就是说，挖掘出来的文字资料如果的确可确定不是赝品，则可以用作解释或补遗古文之资，也可以使人知道"铸器象物"即"表象"初始的造义过程。但仅此而已。因为这些考古工作不一定都能够服务于对正字的考证。求得"语言之本"也可以说为恢复正字的正义。所以，从章太炎看来，最为重要的还是古字的发现是否"于六书之学"有无"云补"。

工作只是丰富对古代别字、异字的了解而已。增加对《说文》以前文字流变过程的知识,对章太炎来说同样并不重要。实际上,他的目的就是要把《说文》作为书写中文的基本法典。按他的设想,所有的汉字,其形、音、义都以《说文》为本的话,创造新语也好,撰写文章也好,都可以由此演绎地使用适当的汉字,或者要组合几个字来创新词,都不会造成误解。所以,章太炎对《说文》的重视表明的是他对法理的一种欲求。正如他所说:

> 考文者,所以同一文字,比合形名,勿使僭差。其道则犹齐度量,一衡矩也。文辞者,亦因制其律令,其巧拙则无问。①

从这一点上说,章太炎的思想在其过于古奥晦涩的外衣下,实质上,有鲜明的规范思维或者科学精神贯穿其中。他原来是期许中文书写话语系统的逻辑化和体系化的。②

---

① 章太炎,《检论·正名杂义》,p.510。另外,按他《正名杂义》中展开的意思,《尔雅》也可以作为"民之以共财",其作用应与《说文》等同。与《说文》作为文字之本相比,《尔雅》汇总各类物名,给人展示语词的多样性,可供文辞之用,也为摭拾废弃语创新词提供方便。只是后者与本文探讨表述真理的话语方式之宗旨无直接关联,故不具论。

② 实际上,他的音韵理论也出自同样的目的。他在创造"成均图"来把语音变转规律图式化时,解释其目的,说:"夫语言流传[转],不依本部,多循旁转对转之条,斯犹七音既定,转以旋宫,则宫商易位,错综以变,当其未旋,则宫不为商,商不为角,居然有定音矣。若无七音之准,虽旋宫亦无所施,徒增其眯乱耳。"(章太炎,《文始叙例》,《章太炎(转下页注)

总而言之,我们应该注意,章太炎的齐物哲学所主张的"不齐而齐"的理想境界以"天籁"和"地籁"的声音多样性的寓言来表述出来,并不等于他对声音中心主义的认同。换句话说,我们可以认为章太炎对声音中心主义的反对实际上将表述真理的权利赋予了不以声音为唯一起源和指归的书写语言——汉字书写语言系统。

章太炎宁可牺牲文章的可读性,也要坚持如此迂阔的做法,也许前面有他的榜样。我认为这个人物也是戴震。他曾在《说林》里面讨论过清代朴学家的文章。他特举戴震以难读著称的《句股割圜记》,说这是"吐言成典,近古所未有"的佳作。他因此也认为戴震"在朴学家,号为能文,其成一家言者,则信善矣。"① 凡是读过《句股割圜记》的人都知道,这个用"句股"法来全面展开"平三角"、"弧三角"算法的文章,其涉及到的内容很专业自不必说,其措辞的古奥程度,实在也是令人兴叹的。② 据川原秀城(KAWAHARA Hideki)的解说,戴震

(接上页注)全集》(七),p. 163。"传"字,浙江刊《章氏丛书》本作"转"。)也就是说,"成均图"可以当作声音变转规律的统纪,给无限变化孳生的语音流变配以永远可循的标准。章太炎认为,"成均图"和《说文》都可作为语音和文字辗转变化所要依据的"法典"。他研究音韵之所以以《广韵》的今音为准的原因也从这个方面得到解释。顺便提及,木下铁矢一向主张皖派音学不得称为"古音学",也是基于这种认识出发的。将清代音韵理论的主导思想施于文字训诂,才是章太炎《说文》学的真正意义所在。

① 章太炎,《说林》下,《章太炎全集》(四),上海人民出版社,1985年,p. 121。

② 关于《句股割圜记》的研究,参看薮内清,《戴震の暦算学》,薮内清、吉田光邦编《京都大学人文科学研究所研究报告明清时(转下页注)

在里面展开的数学理论并不是他的独特发明,事实上,这是梅文鼎(1633—1721)已经以"三角八线"、"平三角"以及"弧三角"等的术语介绍过的西方现代数学理论①。戴震和梅文鼎的不同大概有二:一,戴震讲得比梅文鼎更趋系统;二,戴震特意从《周髀算经》、《九章算术》等古代算学经典借用久已被人遗忘的古算学术语,来替代梅文鼎所发明的平实语言。就这样,《句股割圜记》除了戴震自己说"精神好时,《句股割圜记》三篇不必要注,便就本文可以了然"②之外,却很少有人看得懂。戴震的这种做法很多人认为是西学中源论的极端表现。川原也认为这是他对经学的类似于原教旨主义般的极端推崇。

章太炎文章之古奥、对《说文》的推崇,都仿佛戴震在《句股割圜记》中表现出来的做法和思想。也有证据表明,章太炎有可能对《句股割圜记》情有独钟。当然,章太炎并不是惟古是尚的复古主义者,这一点与坚守经书权威的戴震有区别。但从效果来判断,章太炎很自觉地去拒绝简明易懂的文字表达,宁要以《说文》的字义为要,规范了自己的文章,甚至也希望规范所有的中文书写话语。其结果,

---

(接上页注)代の科学技术史》,京都大学人文科学研究所,1970年;钱宝琮,《戴震算学天文著作考》,《李俨钱宝琮科学史全集》第9卷,辽宁教育出版社,1998年;川原秀城,《戴震と西洋历算学》,《中国思想史研究》第12号,1989年,等。

① 按现在的术语称,则为"平面三角函数"和"球面三角函数"。
② 段玉裁,《戴东原先生年谱》,《戴震全集》六,北京:清华大学出版社,1999年,p.3426。

连鲁迅(1881—1936)都觉得章太炎的文章"读不断,当然也看不懂"。① 但是,章太炎写作雅致之文并没有讲究鲁迅所期待的简明易懂。因为文章的简单明了是在牺牲概念和逻辑的精确之上成立的,正如他说":苟取径便而淆真意。"②章太炎最为得意的几本著作,如《訄書》、《齐物论释》和《文始》等,都是"文实闳雅"、"一字千金",③实与《句股割圜记》一样,就算作者自己"精神好时,不必要注",但供人阅读还是需要配以注释为之"解经"④。就因为"读不断,看不懂",这些"千金"之作才会有其价值。这和章氏其他浩瀚著作自有分别,更何况后来编纂《章氏丛书》时刊落的众多时论政论了。

四 辩论和明文

章太炎究竟怎么看传达信息这一文字的根本功能? 问题

---

① 鲁迅,《关于太炎先生二三事》,《鲁迅全集》6,人民文学出版社,2005年,p.565。鲁迅在是文中还满怀遗憾地说,章太炎手定的浙江本《章氏丛书》刊落"先前的见于期刊的斗争的文章"。从鲁迅看来,"战斗的文章,乃是先生一生中最大,最久的业绩"。但是,从本文的分析角度说,鲁迅所期望的文章风格并不是章太炎所认为的理想文章。章氏不认鲁迅为其门第的原因,似乎从这里也隐约可见。

② 章太炎,《检论·正名杂义》,p.496。

③ "文实闳雅"见于章太炎《与邓实书》,《章太炎全集》(四),p.169;"一字千金",语出《太炎先生自述学术次第》,《太炎先生自定年谱》,香港:龙门书店,1965年,p.53。

④ 《句股割圜记》有注释者,叫"吴思孝"。其实,这吴氏并无其人,而戴震化名自己加注而已。但就因为采取了这种手法,《句股割圜记》看上去像一种解经书。在这里,戴震自己不仅扮演了作者和述者的角色,同时也化作了注释者。

应该包括文字和言语两方面的因素。他的文学论有一显著特点①:他要求讨论文学不应该忽视"文"之所以为"文"的独特性质,那就是",文字所专属"的"无句读文"。"无句读文"是指表谱、簿录、演草以及地图上所标的名字等,这些都不以口诵为目的,而更注重视觉效果。他重视这些是基于这种思想的:

> 文字初兴,本以代声气,乃其功用有胜于言者。言语仅成线耳。喻若空中鸟迹甫见而形已逝。故一事一义得相联贯者,言语司之。及夫万类坌集,棼不可理,言语之用有所不周,于是,委之文字。文字之用足以成面。故表谱、图画之术兴焉。凡排比铺张不可口说者,文字司之。及夫立体建形向背同,见文字之用又有不周,于是,委之仪象。仪象之用足以成体。故铸铜、雕木之术兴焉。凡望高测深不可图表者,仪象司之。然则,文字本以代言,其用则有独至。凡无句读文,皆文字所专属者也。以是为主,故论文者,不得以兴会神旨为上。②

章太炎受到了日本学者姊崎正治(ANESAKI Masaharu, 1873—1949)的直接启发,认为语言活动是对外物的一种"表

---

① 章太炎对文学曾下过如下定义:"文学者,以有文字著于竹帛,故谓之文;论其法式,谓之文学。"(《国故论衡·文学总略》,p.55)
② 章太炎,《国故论衡·文学总略》,pp.61—62。

象"行为。表象的方式自然不限于语言,他认为,除了言语和文字之外,应该还有图画和仪象能起到其作用。言语可以联贯事情和意义,但它瞬时而逝,像一条线。而且需要"排比铺张"等修辞方式的较长语言无法光靠口语来组合。如果能将言语的表达内容在平面的维度上记录下来,就可以克服言语的这一局限,因此,文字代替声音,图画也跟文字一起出现,因为它也在平面上刻画。仪象则表象三维的立体对象。所以,虽然姊崎的"表象主义"原来是 symbolism 的翻译,但章太炎在其运用的过程中,扩大了这个词的涵义,实际上他的"表象"观念更接近于 represent(即"再现")的意思。① 章太炎的这种理解与六书以指事、象征为首的事实有直接的关系。在他看来,文字诉诸视觉的符号化功能相当重要,因为这才是"文"的独特性质,言语无法取代。因而他也主张论"文"不应该太过讲究"兴会神旨"。"兴会神旨"的作用一般通过押韵、骈俪等的修辞方法来实现,而一般意义上的文学更倾向于这些技巧问题上做文章。章太炎却站在姊崎批判"表象主义"

---

① 关于章太炎对姊崎正治"表象主义"的挪用,他自己在《訄书》重定本所收《正名杂义》中曾明确表示。小林武详细分析章太炎在日本阅读、参考以姊崎正治为主的日本学术界有关研究论著的经过。详见小林武,《章炳麟と明治思潮—もう一つの近代—》,东京:研文出版,2006年。站在与笔者相近的立场探讨"表象主义"和章太炎文学论(尤其是修辞论)的有林少阳的一系列研究,如其 2008 年 10 月在东京大学哲学系所做的学术报告"美と倫理または「修辞立其誠」:章炳麟の文学思想について"。另外,参见林少阳,《「修辞」という思想—章炳麟と漢字圏の言語論的批評理論》,白泽社,2009 年。

的立场,说"文"的技巧愈发达,语言表象作用本来蕴含的"病质"也会愈加凸出:

> 言语不能无病。然则文辞愈工者,病亦愈剧。是其分际,则在文言质言而已。文辞虽以存质为本干,然业曰"文"矣,其不能一从质言,可知也。文益离质,则表象益多,而病亦益笃。①

从他看来,有必要尽量控制语言病态的孳生发展,所以,一定要注意修辞技巧流于浮华。修辞之工往往诉诸语言的声音特点,而这无疑增加"兴会神旨"的性质。他由此观点出发,反对以《文选》为首的文学理论。

不过,声音也有它的优点,比如,言语的瞬间性有时反而有利于获得跨越时间的生命,方言保留古音古义的事实充分证明这一点。② 章太炎能够通过方言的搜罗整理变《说文》这一"死物"③为规范书写语言的法典,也正得益于声音的这种特点。但是,这只是说明声音为考证古字古义提供很有益的线索,和言语本身的价值并没有直接关联。其实,章太炎所注重的言语之价值在于其可供教化的独特性质。比如,在古代

---

① 章太炎,《訄书重定本·正名杂义》,p. 219。
② 参看彭春凌,《以"一返方言"抵抗"汉字统一"与"万国新语"——章太炎关于语言文字问题的论争(1906—1911)》,《近代史研究》,2008年2期。
③ 章太炎,《章太炎的白话文·论文字的通借》,p. 105。

记录文字尚不方便的时候,为了记忆方便,"或用韵文,或用耦语"。这样,"其音节谐适,易于口记,不烦纪载"。① 他也在《齐物论释》中说:"徒以迹存导化,非言不显,而言说有还灭性,故因言以寄实。"意思是说,要留存教化的踪迹,需要用语言来说出来,因为言说有"还灭性",即脱离永恒流转生灭的轮回而进入真如的趋向。② "真如"在佛教术语中是和"道"相同的概念。③ 值得注意的是,章太炎在这里讲"言"的时候,同时也讲"不言",也就是说,"言说"的价值实质上在"言"和"不言"相综合的前提上才得以确认。他说:

> 徒以迹存导化,非言不显,而言说有还灭性,故因言以寄实,即彼所云"言无言,终身言,未尝言,终身不言,未尝不言。"〔引者注:《庄子·寓言》〕《大乘入楞伽经》云:"我经中说,我与诸佛菩萨不说一字,不答一字。所以者何? 一切诸法离文字故,非不随义而分别说。"是与《寓言》所说,亦如符契。④

---

① 章太炎,《国故论衡·文学总略》,p. 59。
② 高田淳曾解释说:"言说本身就具有灭流转而回归真如之性。"见高田淳,《辛亥革命と章炳麟の齐物哲学》,东京:研文出版,1984 年,p. 142。
③ 章太炎,《国故论衡·原道下》,p. 128。
④ 章太炎,《齐物论释》,《章太炎全集》(六),上海:上海人民出版社,1986 年,p. 6。

"言"和"不言"实际上没有本质上的分别,在与诸佛菩萨之间的问答中,甚至不需要交换任何一句也可以沟通。所以,"言"的价值并不是在于"言"本身,而必须要有"不言"和"言"相配合","言"的"导化"功能才会发挥出来。

章太炎在"导化"的意义上强调"言"的功能性特点。这与知识的表述和其传递是属于两个不同层面的。其理由除了上述"言"有"不言"的意义之外,还因为它"本无恒,非有定性",随时随地变化万端①,正如"空中鸟迹甫见而形已逝"。所以,对章太炎来说,知识跨时空的传递不应该也不能以口授的方式来实现。他排斥今文经,尊崇古文经原因也在这里。后者"依准明文,不依准家法",②所以为贵。口授师承的弊端在于不能以明文参互比勘,这一点不论古文还是今文,只要是师说,难免出现"违其本真"③的地方。章太炎之所以认为师说家法不可靠,必以"明文"为传授知识之要,是因为他认为"文"才可以弥补"言"的缺陷。章太炎说,应该"知文辞始于表谱、簿录,则修辞立诚其首也"④。就是说,文辞(将口头讲述的"辞"记录下来作"文")之所以当初代替"言"是因为,对外物的准确表象需要用"文"来完成,表

---

① 章太炎,《齐物论释》,p. 16。
② 章太炎,《国故论衡·明解故下》,p. 84。
③ 同上书。
④ 章太炎,《国故论衡·文学总略》,p. 62。

谱、簿录—均是无句读文的典型文种,最能说明"文"的这种原始功能,那就是准确记述物象。"文"的成功与否乃在于这种表述的诚实与否,所以说"修辞立诚其首"。这个要求反过来规定口头论辩的优劣,如纵横家和名家都属于先秦时期兴起的演说,但从文体格式的角度来评判其得失,章太炎则说"凡立论欲其本名家,不欲其本纵横"①。"论"是一种文体。他说:

> "论"者,古但作"仑",比竹成册,各就次第,是之谓"仑"。箫亦比竹为之,故"龠"字从"仑",引伸则乐音有秩亦曰"仑","于论鼓钟"是也;言说有序亦曰"仑","坐而论道"是也。《论语》为师弟问答,乃亦略记旧闻,散为各条,编次成帙,斯曰《仑语》。②

可见,"论"与声音、言语密切相关,它作为文字记录的一种,受到记录媒体(即竹简)形状的制约,所以它所记录的对象,如乐音也好,还是言说也罢,都被要求有序有条。《论语》的问答体可作这种"论"作为言语和条理合而为一之文体的一个典型事例。这种"文"虽是口语的抄写,但不一定有韵,所以可以分类为有句读的无韵文。从内容上而言,"论"还表

---

① 章太炎,《国故论衡·论式》,p. 95。
② 章太炎,《国故论衡·文学总略》,p. 61。

示有条理的思维活动,如:"编竹以为简,有行列觚理,故曰'仑'。'仑'者,思也"。① 名家和纵横家都善于演说,但一为"论"的表率,一则不。这是为什么呢?

> 从横出自行人,短长诸策实多口语,寻理本旨,无过数言,而务为粉葩,期于造次可听。溯其流别,实不歌而诵之赋也。……然则从横近于雄辩,虽言或偭规,而口给可用。名家契于论理,苟语差以米,则条贯已岐。一为无法,一为有法,而皆隶于演说者也。②

纵横家的话语本来多属口语,所以内容枝叶很多,话中的宗旨只不过是一部分。这原来是他们以讲给别人听为他们的目的之缘故。枝叶之多并不等于废话多,而是这样可以做到"感人深挚"的作用。所以,后来他们的文章遗风发展为赋了。③ 在章太炎的文体分类系统中,赋属于有韵文,且"宛转

---

① 章太炎,《国故论衡·论式》,p. 91。做一点补充:《说文》云:"仑,思也"。段玉裁对之注,说:"龠下曰:仑,理也。《大雅》毛传曰:论,思也。按:论者,仑之假借。思与理,义同也。思,犹觚理也。凡人之思必依其理。"(段玉裁,《说文解字注》,上海:上海古籍出版社1981年影印,p. 223)按:竹简自有"觚理",外在地规定其记述内容必须合乎条理。所以,人依循条理的思维被记录下来会成为"论"。

② 章太炎,《检论·正名杂义》,p. 507。

③ 如:"《七略》次赋为四家:一曰屈原赋,二曰陆贾赋,三曰孙卿赋,四曰杂赋。屈原言情,孙卿效物,陆贾赋不可见,其属有朱建、严助、朱买臣诸家,盖纵横之变也。"(《国故论衡·辨诗》,p. 101)

俍隐"为职。① 相比之下,名家的语言以严密运用逻辑为其特点,稍微出现逻辑偏差,就会失去条理。在这里,章太炎所说的名家是指公孙龙和惠施。他尤为称颂惠施,认为惠施和孙卿、庄周一起,代表先秦诸子的三家哲学话语。惠施的优点在于"言物"。② 章太炎曾经在写给邓实(1877—?)的信中提到"名"和"文"的关系,说:"文生于名,名生于形,形之所限者分,名之所稽者理,分理明察,谓之知文"。③ "名"是构成"文"的要素,也是"理"(即世界有条理的差异体系④)的表象。因此,讲究名理逻辑的名家最能"言物",而他们"契于论理"的"有法"话语才能使他们做到这点。

章太炎认为,这种"论"(以"论"为质的书写话语形式他叫做"持论")在魏晋时期最发达。他说,"持论之难不在出入风议,臧否人群,独持理议礼为剧",⑤而且真正需要学问的就是"持理议礼"。后者也是清代朴学所擅长者,但章太炎只承认清儒在"议礼"方面确有很高成就,如凌廷堪(1757—1809),却未提及以戴震为主的清代"持理"论述。一直仰慕戴震的章太炎为什么在此对他有所保留? 我们可以从两个方

---

① 章太炎,《国故论衡·文学总略》,p. 59。
② 章太炎,《国故论衡·明见》,p. 139。
③ 章太炎,《与邓实书》,《章太炎全集(四)》,p. 170。
④ 《说文》解释"理"说"治玉",戴震曾对之作"得其分则有条而不紊"即"自然之分理"的解释。段玉裁祖述戴说作为"理"概念的全部含义。章太炎此一说法全赖于此。见段玉裁,《说文解字注》,pp. 15—16。
⑤ 章太炎,《国故论衡·论式》,p. 92。

面解释：一为政治性的原因，一为知识结构方面的原因。章太炎在《訄书》初刻本的补佚中第一次登载《学隐》一篇，认为清代汉学之兴和清廷对汉族读书人的压迫直接有关系。在政治无望的时代背景下，希望维护华夏礼仪传统的汉族读书人，专治考证古代典章制度等的琐碎功夫来"隐"于时代社会。他们只能是在礼仪考证方面勉强维系着华夏传统，而"持理"方面的知识话语并没有展开的空间。从章太炎看来，戴震也最终不得志而"愤时以殒"①。这种政治环境也限制了读书人的知识范式。汉学家们或直接或间接地抵抗代表主流意识形态的宋学，但是在后者支配整个知识话语的大环境里，谁还能做到从中完全脱离开来另起炉灶？以宋明理学思想为核心的经学中心范式有意无意地规定着他们的知识结构，所以，并不惬于戴震的哲学，说他虽然其思想比较接近于荀子，但始终不敢离开孟子，更不可能读懂老庄释氏和法家等的思想。② 而后者，从章太炎看来，是"持理"最成功的范例。

五　章太炎的哲学话语实践

由上而论，"论"以保留"言"的痕迹为其特点。这一点与"吐言成典"的《句股割圜记》和以它为典型的文体不一样。

---

① 章太炎，《说林》上，《章太炎全集(四)》，p. 118。
② 详见章太炎，《释戴》，《章太炎全集(四)》。

我在本文第三节着重探讨"文"之为"文"的条件,从而论证了运用古字古义的最为精练的文章有益于展开逻辑话语。《说文解字》在展开这种话语时,被期待作为观念范畴库去起作用。① 以此为基,再借其可以"累而成名"的组词功能,汉字获得展开话语的无限可能性。②

鲁迅曾说《訄书》"读不断,看不懂",无意之中陷入了声音中心主义的窠臼。声音中心主义认为书写语言是死的语言,文字书写总是跟在声音表达的背后。由此而推,没有任何句读的中国古代经典的书写形式完全抹杀了语言本来应该具有的声音特点,因此无法承载逻各斯。章太炎的路径与此不同。他所讲究的乃是"文"之所以为"文"之故,即:文字除了代表声音之外,还有别的、独到的价值。那或许是死的语言才具备的特点。汉字书写语言并不一定代表声音,所以,其死的性质比欧洲书写语言更为彻底。但我们不能不发觉,正因为

---

① 我们可以在这里联想到章太炎在《明见》中对《荀子·解蔽》"藏"字进行阐释时,将"藏"字理解为"阿罗耶识"的事实。"阿罗耶识"汉译为"藏识"。它作为一种"藏"来贮存原型观念(或曰"种子")。或许可以说,以《说文》为纪的"文"法之实践在唯识论的层面上正对应着阿罗耶识(又名"阿赖耶识")和末那识以及其他各种"识"之间的观念和认识的往返过程。如果是这样,那么,我们也把章太炎对"齐物"世界图景的想像,尤其是"天籁"和"地籁"关系的隐喻作为参照,应该将他的"文"和"文"论都视作为他在现世中发出声音,发挥主体性,并规范个体的实践和其方法论的具体显现。当然,要论证这一观点,需要另拟专文。

② 严格地说,章太炎并没有完全排斥造新字的可能。他说:"如贪煤曰煤,古树入地所化,亦因其形似而曰煤,不知此正宜作墨玊。曩令古无墨字,则必当特造矣。"(《检论·正名杂义》,p. 496)也就是说,假设古字里实在没有合适的字,那么,只能造一新字。

汉字书写语言的死如此彻底,反而使活着的读者阅读起它来,更能自由地去音读。分享汉字经典书籍的东亚各民族每当面对那些经典时,都以自己的语音来音读它,这个时候,这些读者在自己言语系统的内部与原来在其外部的古代汉土叙事者得以沟通。所以,阅读经典的经验本身总是蕴蓄着对经义的体会和释义的生成。

最后我们再回到戴震和章太炎之间的批判继承关系问题。章太炎否定经书的一尊地位,宣告了经学独尊时代的结束。同样,他也指出戴震受到了时代学术范式和意识形态的约束没有摆脱宋学规定的经学框架。的确,戴震在这个意义上明显带有一种过渡性质。戴震的经学中心主义和西学中源说互为表里的事实说明他有要与西方学术传统争夺"追溯起源的权利"的欲望。西方的逻各斯中心主义若隐若现地表现出要把几何学的起源垄断在自己手中的欲望。但问题并不是要证明究竟谁来掌握主张起源的权利,而是如何始终敞开与未到的他者之间相邂逅的渠道。这也是哲学在不失去其普遍性诉求、不懈地寻求真理的基础上,丰富自己,换发其生命力的唯一办法。章太炎对"论"的阐发,以及"齐物"图景中"自抒己意"的声音无限多样性在这一点上非常重要。因为,他正是通过对"论"的辩论性质要强调主张分析"名"、"物"问题的话语起自口头论辩(即对话,或曰 dialectic)之意。

可以说,在章太炎的文论当中,可资追求真理活动的话语方式是由两个面向组成的:一个是以《说文》为法典的逻辑方式,《说文》则是提供进行逻辑语言的观念范畴库;另一个是以口头问答(对话)为基础的论辩方式,但这个需要尽量排除过度的修辞,否则逻辑变得汗漫无际,无"法"可循了。前者属于"明文",或者是纯正的文;后者虽然记录下来之后成为一种"文",但本来就是由来于"言",其性质与前者几乎相反。

知识的传承都是通过文字记录来实现,这本来与人作为个体的存在方式相悖,因为人作为个体生命的表现永远是在瞬时间的,正如章太炎所说的"空中鸟迹"。人发出的声音因此代表人在此时的生存本身。章太炎在以小学为主的学理问题上继承清代朴学家寻求"众同分"或曰"全称通则"的"理"的自然法则体系。他以《说文》为主讲究"文"的逻辑的想法充分表示他的求真方法论的特点。但他同时也发觉,这种演绎逻辑无法涵盖无数生命永远流转生灭的世界之全体。他放弃"公理",主张"齐物"的原因就在这里。持论之所以为贵就是因为它能留下论辩者生命气息的痕迹。他的话语方法论就是以"文"和"言"的张力为中心,试图寻找法的普遍性与个体生命的特殊性相兼得不偏其一的一种实践方式。

敢问"天籁":关于章太炎和刘师培两人哲学的比较研究[*]

一 "天籁"和章刘学术

《庄子·齐物论》开篇有一著名的寓言:

> 南郭子綦隐机而坐,仰天而嘘,荅焉似丧其耦。颜成子游立侍乎前,曰:"何居乎？形固可使如槁木,而心固可使如死灰乎？今之隐机者,非昔之隐机者也。"子綦曰:"偃不亦善乎,而问之也！今者吾丧我,汝知之乎？女闻人籁而未闻地籁,女闻地籁而未闻天籁夫！"子游曰:"敢问其方？"子綦曰:"夫大块噫气,其名为风。是唯无作,作则万窍怒呺。而独不闻之翏翏乎？山林之畏佳,

---

[*] 首刊于《开放时代》2011年第6期。

> 大木百围之窍穴,似鼻,似口,似耳,似枅,似圈,似臼,似洼者,似污者;激者,謞者,叱者,吸者,叫者,譹者,宎者,咬者,前者唱于,而随者唱喁。泠风则小和,飘风则大和,厉风济则众窍为虚,而独不见之调调,之刁刁乎?"子游曰:"地籁则众窍是已,人籁则比竹是已。敢问天籁?"子綦曰:"夫吹万不同,而使其自己也,咸其自取,怒者其谁邪!"①

颜成子游向其师南郭子綦询问何谓"地籁"和"天籁"。子游说",地籁"是自然界中"众窍"发出的风声,南郭子綦说"天籁"则为"吹万不同,使其自己","天籁"使万物"咸其自取"。按郭象(252?—312)的注释,"天籁"指自然界中存在的众物"皆自得之"。《庄子》这部作品在这里告诉我们,万物的生命以多样性为条件,不受任何主宰性力量的控制,正如南郭子綦所说"怒者其谁邪?"承认每一个个体的生命本身的价值,让各自讴歌其生命,可以说是《齐物论》的主题之一。无论是《庄子》文本本身的内容,抑或是郭象以"自生"、"自得"为核心的诠释,直接描画的都是"地籁"众声喧嚣的景象。"天籁"可以说是对一种状态的统称,而这种状态使得万物成为"自己"且"自取"。

---

① 郭庆藩,《庄子集释》,思贤讲舍光绪二十年刊本,pp.1—4。"使其自己",《集释》本作"使其自已"。今从章太炎《齐物论释》。

无论章太炎(1869—1936)还是刘师培(1884—1919),都认为使万物"咸其自取"的"天籁"既是自然的状态,也是理想的状态。自然而理想的世界图景作为一个理想类型(ideal type)为理论话语提供坐标。但这并不是说根据"天籁"作为理想类型的自然观建构的理论话语都呈现出同样的价值诉求。观察章太炎和刘师培的有关话语,将之进行比较,或许可以看到两者之间重要的区别。本文的目的并不是要对章刘二人思想的孰优孰劣加以评判,但他们看似有很多共同点的学术思想之间,确实存在着严重的分歧,而这种分歧直接关系到他们如何想像并描述自然(天籁)的问题。这不仅是章刘二人思想的异同比较问题,更是关乎如何设置普遍性这一哲学课题的重要问题。本文透过他们以"小学"为主的学术思想,试图勾勒章刘二人诠释《庄子·齐物论》时所显示的不同思想特点,由此为思考现代条件下如何设置普遍性问题提出某种有益的参考。

二 戴震的声转理论

章太炎在谈到方言问题时引述了"天籁"的比喻。比如,在《驳中国用万国新语说》中,他写到:

> 视五土之宜,以分其刚柔侈敛,是故"吹万不同,使其自已","前者唱喁,后者唱于",虽大巧莫

能齐也。①

章太炎认为中国各地不同的方言都有不同的"刚柔侈敛",它们犹如"天籁",难以整齐划一,而方音上的区别在于音转。章太炎、刘师培与黄侃(1886—1935)曾合作进行方言的研究,他们的研究目的除了搜罗华夏古音,追溯民族渊源之外,还有接续戴震(1724—1777)试图描画声音变转规律体系这一目的。戴震生前曾有作《转语》二十章的设想,但其书未传,只留下序文,即现存的《转语二十章序》。② 有研究认为戴震在去世前匆匆完成的《声类表》就是《转语》,或者至少代表着《转语》的中心思想。③ 戴震认为不同的方音之间有一定的有机联系,即"转"。他按照一定的分类原则把"转"的关系系统排序:

> 用是听五方之音及少儿学语未清者,其辗转讹溷,必各如其位。斯足证声之节限位次,自然而成,不假人意厝设也。④

---

① 章太炎,《驳中国用万国新语说》,《太炎文录初编·别录》二,第二十三叶,《章氏丛书》,浙江图书馆民国八年刊本。
② 戴震,《转语二十章序》,《戴东原集》卷四,《戴东原先生全集》,安徽丛书民国二十五年刊本。
③ 如:赵邦彦,《戴氏声类表蠡测》,《国学论丛》第1卷第4号,1928年;曾广源,《戴东原转语释补》,民国十八年;陈新雄《古音学发微》,台北:嘉新水泥公司文化基金会,1972年。
④ 同注②,第三十一叶。

何谓"声之节限位次,自然而成"？戴震认为,口腔的构造决定每一个音素的发音方法,语音可以按照每一个语音出声时的气流和口腔中的部位进行分类。这种思想实际上与现代国际音标的思想相呼应,但他的语音体系不单是把各个语音在一个平面上铺开来的静态秩序,还要以"转"的观念勾勒不同语音之间的有机联系。戴震在《转语二十章序》的开头写到:

> 人之语言万变,而声气之微有自然之节限。是故六书依声託事,假借相禅,其用至博,操之至约也。……夫声自微而之显,言者未终,闻者已解,辨于口不繁,则耳治不惑。人口始喉下底唇末,按位以谱之,其为声之大限五,小限各四,于是互相参伍,而声之用盖备矣。①

人发出的声音是从从喉至唇不同的部位调整口中气流而成。按照口腔中的发声部位和气流的性质分为二十("大限五"乘于"小限四")个声位。按戴震的解释,这些声位的分布与汉字的形体(即"六书")有一定的关系。在《转语二十章序》中,阐释"转"的概念时,戴震以"台"、"余"、"予"、"阳"、"吾"、"卬"、"言"、"我"等第一人称代名词举例,他认为这些字不只是意义相同,在声音上也有一定的相互关联。即:声母

---

① 戴震,《转语二十章序》,第三十、三十一叶。

和四声(这里指四种发声方法,并非指"平上去入"四种声调)均相同的几个字,如"台"、"余""予"、"阳"等,可通其意义;声母不同但四声相同者,如"吾"、"卬"、"言"、"我"等,虽然声不同但可以相互类比。前者为"正转",后者则为"变转",两者都可以"通变"。他从声转的角度来证明意义关联和语音关联。他在与江永(慎修,1681—1762)讨论"小学"问题时,详细论述了他对"六书"的理解,尤其是自古从无定论的"转注"概念表明了自己的看法:

> 后世求转注之说不得,并破坏谐声、假借,此震之所甚惑也。《说文》"老,从人毛匕,言须发变白也";"考,从老省,丂声"。其解字体,一会意,一谐声,甚明。而引之于《叙》,以实其所论转注,不宜自相矛盾,是固别有说也。……震谓"考"、"老"二字属谐声、会意者,字之体;引之言转注者,字之用。转注之云,古人以其语言立为名类,通以今人语言犹曰"互训"云尔。转相为注,互相为训,古今语也。……大致造字之始,无所凭依,宇宙间事与形两大端而已,指其事之实曰"指事",一、二、上、下也;象其形之大体曰"象形",日、月、水、火是也。文字既立,则声寄于字,而字有可调之声;意寄于字,而字有可通之意。是又文字之两大端也。因而博衍之,取乎声谐,曰"谐声";声不谐,而会合其意,曰"会意"。四者,书之体止此矣。由是之于用,数字共一用者,如"初"、"哉"、

"首"、"基"之皆为"始","卬"、"吾"、"台"、"予"之皆为"我"。其义转相为注,曰"转注"。一字具数用者,依于义以引伸,依于声而旁寄,假此以施于彼,曰"假借"。①

《转语二十章序》中所提到的"卬"、"吾"、"台"、"予"等第一人称代名词,戴震在这里认为是转注。也就是说,语音声转的现象实质上可以当作转注的事例。按照戴震的解释,转注属于"六书"中的"用",即在指事、象形、谐声(形声)、会意四种书体的基础上,再对数字相互训释的现象为"转注"。而《转语二十章序》又阐明"转注"关系下的几个字之间也以声转的关系在语音上具有联系性。由此可推,戴震以那未得流传的《转语》(《声类表》)为核心的等韵学体系,不仅是对语音进行静态分类的空间布置体系,也是以声转的概念相互联结不同语音的动态系谱。同时,戴震的研究还表明:不同的语音在空间上的分布实际上互相之间具有"转"的时间关系,方言不是互相孤立存在,而是各自之间存在声音和意义的有机关联。

三 刘师培的方言思想

戴震去世后,洪榜(初堂,生卒年不详)继承了他的"转语"

---

① 戴震,《答江慎修先生论小学书》,《声韵考》卷四,安徽丛书本,第十三叶。

思想,为后世留下了《四声均和表》和《示儿切语》。① 而到了近代,由刘师培来祖述戴震与洪榜的思想体系。刘师培于1906年编撰的《中国文学教科书》第二十六课《字母述略》、第二十七课《等韵述略》、第二十八课及二十九课《论切音》等文章详细介绍了洪榜的等韵体系。刘师培之所以要祖述戴震与洪榜的等韵图,自然有他自己的目的。早于《中国文学教科书》,他曾于1905年在《国粹学报》第2期上发表一篇短文,他写到:

> 中国之初,虽未明字母之用,然近儒之字母之义者,有刘继庄、江慎修、洪初堂三家,而以戴东原之说为最当。按:戴东原作《转语》二十章,其书虽不传,然其《序》有云:"凡同位则同声,同声则可以通乎其义;位同则声变而同,声变而同,则其义亦可以比之而通。"谓非字母之嚆矢乎?……知反切之理,即知字母之不难制造矣。今欲造中国之字母,莫若师戴氏《转语》之意,而参以洪氏《示儿切语》之法,……盖居今日之中国舍形字而用音字,势也;废各地之方言,用统一之官话,亦势之所必趋也。②

---

① 均收入《二洪遗稿》,梅华书院道光年间刊本(今见续修四库全书影印本)。关于戴震和洪榜的继承关系,参见仓石武四郎,《戴震と钱大昕》,《仓石武四郎著作集第二卷 漢字・日本語・中國語》,くろしお出版,1981年。

② 刘师培,《读书随笔・音韵反切近于字母》,《刘申叔先生遗书》,台北:京华书局1970年影印宁武南氏民国廿五年印成本,第二、三叶。

刘师培的意图很明显,他希望泯灭方言的区别,统一中国的语言,为此要改变中国语言的书写方式,废除汉字改用字母(拼音)。他认为戴震和洪榜所留下的等韵体系为达到这个目的提供了极有利的条件。刘师培也引述了《转语二十章序》中的一句话,所谓"同位"和"位同"便是戴震《转语》(《声类表》)构想中最重要的两个术语概念,分别表示正转和变转。刘师培在这里提及声音变转观念,直接的原因在于要介绍戴震等韵体系可资制造字母的道理。但进一步去想:中国语言(口语)的统一和文字的拼音化为什么要与声变理论结合起来讲?在戴震那里,声变理论实质上被用于对六书中"转注"概念的一种解释,那么,对于刘师培来讲,转注究竟包含何等意义?刘师培在《小学发微补》中,接续戴震对转注概念进行了诠释:

> 惟戴东原之论转注也,谓转注犹言互训。《说文》训"考"为"老",训"老"为"考",凡数字共一义者,皆曰转注,故曰"同意相受"。段、王氏皆从之。然于转注之起原,言之颇简。盖上古之时,一义仅有一字,一物仅有一名。后因各方言不同,乃各本方言造文字。故义同而形不同者,音必相近。①

---

① 刘师培,《小学发微补》,刘申叔先生遗书本,第二十四叶。

换句话说,语言文字在开始时,所指(物和事)和能指(名和字)之间有一对一的对应关系,而由于方音不尽相同,所以后来又根据方言再制造新字,这就是转注字。从中可窥见,刘师培预设了语言由一个中心往周围扩散开来的发展观。语言在从中心向周围辐射式扩散的过程中发生了声音的变化,产生了众多各不相同的方言。因此,几个不同的方音之间一定会有声音的相近性。刘师培在《中国文学教科书》中进一步阐明方音转化的内在肌理:

> 方言之不同,大抵皆由于双声以互转耳。本为一事一物而读之有两音,因两音而造为二字。然两音既系双声之字,则其义亦必相同。古人取双声之字互相训释,所以明上古之时仅为一字也。凡古代转注之例咸可本此义类求之。①

> 方言之不同者,大抵又由于叠韵之互转耳。两字既系叠韵之字,则其义亦必多同。故古人于叠韵之字亦可互相训释。凡古代转注之例亦可本此例以求之。如"考"训"老","老"又训"考",而"考"、"老"二字为叠韵。此其证也。②

---

① 刘师培,《中国文学教科书》第二十一课《双声释例》,刘申叔先生遗书本,第五十七叶。
② 刘师培,《中国文学教科书》第二十二课《叠韵释例》,刘申叔先生遗书本,第六十叶。

刘师培在这里认定,方音的不同多由于依双声、叠韵发生的声音变化,而且这种声变现象可以概括为转注。

戴震的研究表明,属于"正转"、"变转"关系的两个以上的同义词在字体的面相上是转注关系,从音义来讲是方言的关系。刘师培在此基础上进一步将方音之间的转注关系构建为由中心往周边扩散的周圈论的方言理论①。他作为章太炎编撰《新方言》的有力合作者,曾为之作序,说:

> 昔欧洲希、意诸国受制非种,故老遗民保持旧语,而思古之念沛然以生,光复之勋蘁蔰于此。今诸华夷祸与希、意同,欲革夷言而从夏声,又必以此书为嚆矢。②

---

① "方言周圈论"原来指日本民俗学家柳田国男(YANGITA Kunio,1875—1962)在其《蜗牛考》(1930年)中展示的方言理论。柳田通过民俗学调查发现,表示"蜗牛"的几个日语单词在全国范围的分布形成以京都地区为中心的同心圆,越是周边的方言越保留古老的语词,反之,离京都地区越近,这个地方保留的方言也越新。柳田由此推论,京都地区作为日本的文化中心,总是代表最新的文化,它逐渐往其周围传播,形成"中心—周边"(center versus periphery)的文化辐射关系,因此,越是外围的民俗文化越保留着日本更古老的文化形态。柳田一方面对国家推进的"标准语"政策即日语普通话的推广政策提出明确的异议,一方面从方言周圈论的角度试图论证日语同心圆由内往外扩大的一元"国语"观。他的思想虽然不符合国家的政策安排,但从效果来看,无疑强化了支持日本建构为国民国家(nation state)的民族匀质性前提。参见李妍淑(LEE Yeounsuk),《「ことば」という幻影:近代日本の言語イデオロギー》,東京:明石書店,2009年。

② 刘师培,《新方言后序一》,章氏丛书本,第百四十叶。

所谓"夷祸"并不只是满族入关后对汉族进行的压迫。刘师培认为,自魏晋南北朝时期开始,很多民族相继进入华夏之地,"夷音"混入华夏语言搅乱"正音"。周圈论的方言思想有利于以"中心—周边"模式想像出可能的文化统一体,而这种一元性同心圆模式的方言观明确要排斥语言跨民族之间相互融合的过程。在承认方言多样性的背后支撑这种思想的,其实是文化一元论。刘师培将恢复"夏声",实现中国语言的统一之理想寄望于搜集方言的工作。

刘师培明确区分"夏音"和"夷音",而他又根据戴震《转语二十章序》中的"自然之节限"说,认为语音具有一种跨语言的普遍性。

> 声音之起原,厥有数端。一曰自然之音。自然之音者,因口舌相调,即成一普通之音。凡在幼童莫不皆然,非地与时所克限也①。

他认为,既然口腔的结构决定语音,发出来的声音不分地区和时间,具有一定的普遍性。这种普遍性在很大程度上还影响到语音符号和所表示对象之间的相关性,也构成不同语言之间语音的相似性。他举出一些例子,如日语五十个音位(phoneme)表中第一和第二分别为"ア(/a/)"和"イ(/

---

① 刘师培,《小学发微补》,第二十三叶。

i/)",他认为这分别是汉语"我"和"你"的变音。他又认为,汉语中的"爹"、"妈",与西方语言中表示父亲、母亲的名词语音比较相近;"羊"、"牛"、"雀"、"木"、"竹"、"滴"、"流"等词直接来源于所指物或现象所发出的声音等等。在刘师培的论述中,这些例子都表明人发出的语音都依循"自然之理"而成。

> 盖人声之精者为言,古人之言,非苟焉而已。既为此意,即象此意制此音。故推考字音之起源,约有二故:一为象人意所制之音,一为象物音所制之音,而要之皆自然之音也。①

这些音都是通过由口腔中嘴唇、舌头等部位调整气流形成,而且模仿所指对象发出的声音,所以,人的声音既是依循着自然秩序(口腔中的发声部位和发声方法),也是模仿自然界的声音。至此,"天籁"的概念重新被召唤回来。刘师培将人的声音所具有的自然性称作"天籁"。依循自然的语言,在刘师培那里还表现为诗的语言:

> 谣谚二体,皆为韵语。谣训徒歌,歌者,永言之谓也;

---

① 刘师培,《正名隅论》,《左盦外集》卷六,刘申叔先生遗书本,第二叶。

谚训传言,言者,直言之谓也。盖古人作诗,循天籁之自然。有音无字,故起源亦甚古。①

刘师培举出"日出而作,日入而息"(《击壤歌》)、"股肱丛脞"(虞廷赓歌)、"祝融司方发其英"(舜时歌谣)等例子,指出这些原始谣谚中除了可以观察到韵律之外,还能看到叠韵、双声的关系,②这些语言是属于"声气不期其然而然者",因为"自然之音律,非人力所可强为",③只是"口中状物之辞"通过"口舌相调"而形成。④ 按照他的六书论,字音沿着叠韵和双声相转繁衍的构成便是"数字一义"的转注,方言由中心向周边扩散的过程可以由以转注为主的声音变转关系贯穿起来。那么,作为方言系谱的等韵体系同样也是反映"自然之理"的和谐秩序之可视化表现。这就是刘师培意义上的"天籁"。

四 刘师培的历史哲学与《齐物论》

"中心—周边"的同心圆状辐射发展的语言发生观不只是刘师培音韵理论的特点,甚至可以说是贯穿他的历史哲学

---

① 刘师培,《论文杂记》,刘申叔先生遗书本,第二叶。
② "日出"、"日入"为叠韵,"股肱"、"丛脞"为双声,"祝融"也是双声。
③ 同上书,第二十五叶。
④ 同上书,第二十四叶。

的主要观念。他在《中国哲学起原考》中认为"太古之初,万物同出于一源,由一本而万殊"。① 也就是说,他将宇宙的起源还原为"一",将万物并存的多样世界看作从单一起源分化出来的错综纷然的状态。这种假设为刘师培以无政府主义为核心的平等主义政治思想提供了基本的框架。

> 人类既出于一源,则今日世界之民,虽有智愚、强弱之殊,然在原人之初,则固同出于一族,乃确然处于平等之地位者也。②

他认为,现实社会中的种种不平等,如阶级、职业、男女等造成的不平等都不同于人类本来的一元平等状态,是"沿古昔陋恶之风",应该加以纠正。在这里,刘师培一方面从起源的一元论出发将人类平等当成应有的理想境界,一方面又将现实上的种种不平等归于历史的原因。他把历史的源头看作是人类历史终究要回归的理想,同时,将现在的问题都归结于从前的历史发展。他对历史的这种看似矛盾的判断必然要使他建构一种辩证的历史观念。他在《无政府主义之平等观》中提出人类共同的三种心理:自利心、嫉忌心与良善心。在他

---

① 刘师培,《中国哲学起原考》,《左盦外集》卷八,刘申叔先生遗书本,第一叶。
② 刘师培,《无政府主义之平等观》,《刘申叔遗书补遗》,扬州:广陵书社,2008年,pp. 719—720。

的宇宙发展观中,从一生二的分化过程意义尤其重要,因为这个分化首先是分化的开始,万物滋生由此获得契机。其次,这个分化也意味着"对待"关系的生成,"对待"关系的生成就意味着不同物之间交相互生的开始。"仁"是人之所以为人之故,而其产生全赖于这种对待。

> 古人之言生字也,其界说有二:一曰,万物非开则不生;一曰,万物非交则不生。如天地、阴阳、人己诸名词,皆对待之名词也。然《易》曰:"天地交而万物通",是言天地不交则万物不生也。又云:"一阴一阳之为道",又云:"阴阳合德",而中国"五"字,即象阴阳错综之形。是言阴阳不交则易道不成也。"仁"从"二人",而"仁"、"人"二字古通。曾子亦曰:"人非人不济"。是言人己不交则人道废绝也。"兹"字象二"玄"相并之形,即象二物对待之形。……若"兹"字于两"玄"之间中无所界,不惟象两"玄"对待之形,且象两"玄"交互之形。物交则生,故"兹"字含有益义也。交互之义,其象为通。《易经》"元"、"亨"并言,由元而亨,"亨"义训"通",即彰众物由玄而通之说也。①

按刘氏的说法","玄"为"一物初生之形","兹"便是并合

---

① 刘师培,《中国哲学起原考》,第八、九叶。

两个"玄"字而成,代表着滋生或者孳乳。人以"仁"联结的伦理关系也基于"对待"关系而产生,所以,在刘师培看来,人之所以为人的开始是和不平等的等差关系同时发生的。不仅如此,历史的发展正是由一而二,由二而三以及万物的分化过程,所以,如果说沿着历史的进程寻回人类起源时的平等理想,需要辩证扬弃"对待"的迷执。刘师培认为,利用人类的上述三种心理,可以恢复人类的平等天性。

> 嫉忌之心由对待而起:一由欲奋己身,冀与人齐;一由欲抑他人,使与己平。……由前之说,则由羡心而生自利心;由后之说,则由愤心而生破坏心。蔽以一言,则嫉忌心者,所以愤己之不能与人平等也。自利心者,又嫉心引起者也。……纯乎由比较及争竞而生者也。若夫良善心则不然。……人类所以发此心者,所以悯人之不与己平等也。由是言之,则己身不能与人平等,久为人类所共愤;他人不能与己平等,又为人类所共悯;在己,则欲其与人平等;在人,则欲其与己平,岂人民之天性,均以人类平等为心乎?使人人充其嫉忌之心,扩其良善之心,则不平之社会,必扫除廓清。①

利用人的嫉妒心理和怜悯心理来打破不平等的状态,恢

---

① 刘师培,《无政府主义之平等观》,pp. 724—725。

复人类平等的本然,①而平等的恢复意味着万物齐同境界的呈现。刘师培的无政府主义理想背后有《庄子·齐物论》支撑着。稍早于《无政府主义之平等观》,他还发表了《利害平等论》。在其中,他试图论证利与害均非本然,而是人为的后设概念。他说,要破除利害对待关系,需要羞忌心和良善心来克服利己心,由此达到平等境界。这是一种废除对待的齐物平等。刘师培曾有如下表述:

> 《庄子·齐物论》篇云:"物无非彼,物无非是"。盖庄子之意以为,自我视彼则我为我而彼为彼,自彼视我则又我为彼。为彼为我所以明彼我之无定称也。《齐物论》又曰:"彼出于是,是亦因彼"。盖庄子之意以为人我之名皆由对待而生,无人则无我,即佛经所谓见人相我相即是无人无我也。且人我之界既泯,则一切之是非皆泯。《齐物论》又云:"天下莫大于秋豪之末而太山为小,莫寿于殇子而彭祖为夭"。天地与我俱生,而万物与我一体。此即佛经无彼此之旨至。物无彼此则无大无小,无寿无夭,而对待之名词可去矣。盖《齐物论》者,欲齐一切之物论也。②

---

① 关于刘师培由人类嫉妒心理出发设想通往无政府理想的历史动力之思想,石川洋(ISHIKAWA Hiroshi)的文章曾经给笔者以启发。参见石川洋,《平等と嫉忌心—劉師培のアナキズムについての一考察》,《中国哲学研究》第21号,2005年。

② 刘师培,《利害平等论》,《左盦外集》卷十四,刘申叔先生遗书本,第九叶。

对于刘师培来说,《庄子·齐物论》以"废彼此对待之词","视万物为一体"为旨趣,正符合利害平等实现大同的理想。①

五 章太炎"成均图"为核心的声转理论

章太炎在《新方言序》中高度赞扬戴震的《转语二十章序》。他与刘师培一样,在戴震声转理论的基础上理解方言的分布,也认为声转关系就是依叠韵、双声而变化的转注关系。② 章太炎的转注说(同时包括假借说)在《论语言文字之学》(《国粹学报》第25期,1906年)中第一次得到详细论述,而此文后来经过大幅度删减和修改之后,又以《语言缘起说》为题收入《国故论衡》。《国故论衡》还有一篇《转注假借说》,专门讨论转注和假借以及字义沿着双声和叠韵辗转繁衍的问题。在这里,章太炎对戴震的"转注＝互训"说提出异议,并明确提出转注代表着文字历时性繁衍的过程

---

① 刘师培在《周末学术史序·哲理学史序》中将《齐物论》的思想与儒家"贵公"、"一贯"的思想以及墨家"尚同"、"尚贤"和"兼爱"思想一起都归于"大同学派"哲学。参见刘师培,《周末学术史序》,刘申叔先生遗书本,第二十六至二十八叶。

② 有一点需要补充:章太炎建构的以"成均图"为核心的音韵体系,的确是一种声转理论的体系,但与戴震的等韵体系有较大的区别。两者的不同主要表现在入声的处理上。章太炎受孔广森阴阳对转理论的影响比较大;戴震的研究使得章太炎认识到声音变转和方言之间的有机联系,并将这种联系运用到转注假借的诠释上。

之观点

> 余以转注、假借悉为造字之则,泛称同训者,后人亦得名为转注,非六书之转注也。同声通用者后人虽同号假借,非六书之假借也。盖字者,孳乳而寖多。字之未造,语言先之矣。以文字代语言,各循其声。方语有殊,名义一也,其音或双声相转,叠韵相迤,则为更制一字,此所谓转注也。孳乳日繁,即又为之节制,故有意相引申,音相切合者,意虽少变,则不为更制一字,此所谓假借也①。

> 转注者繁而不杀,恣文字之孳乳者也;假借者,志而如晦,节文字之孳乳者也②。

章太炎认为意义相近而发音不同的方言名词中,可以观察到双声或叠韵关系的几个字之间是转注关系。在章太炎的音韵理论中,声转之后才形成的双声或叠韵的两字关系也算作双声或叠韵,所以他的声转理论相对戴震而言,涉及的范围远为广泛。在戴震那里归于"变转"的关系,在章太炎这里被当成双声,不只如此,他还加了一个"旁转"的概念,几乎成了

---

① 章太炎,《国故论衡》上《转注假借说》,章氏丛书本,第四十一、四十二叶。
② 同上书,第四十五叶。

无所不转。他的"成均图"（涉及韵母的变转关系。见附图。①）和所附带的纽目表（"纽"即声母）集中表现这种极其

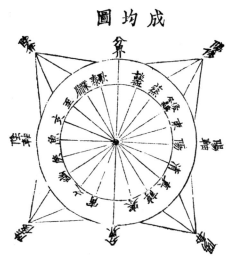

灵活且千变万化的声变思想。② 刘师培和章太炎在小学研究上经常被认为志同道合，其转注理论的相似性正说明了这一点。章太炎与刘师培都承认文字依着双声、叠韵的关系得到孳乳的假设，他们也都认为语言符号的能指和所指在语言刚产生的时候还具备着关联性，而且这种关联或者语音的自然和谐性质都被称作"天籁"。但这些，仍然不能表明二人思想完全一致。章太炎曾有如下表述：

中国称兄做昆，转音为歌；鲜卑也称兄为阿干。中国

---

① "成均图"摘自《文始》章氏丛书本，第八叶。
② 参见章太炎，《国故论衡·成均图》。

称帝王为君,突厥也称帝王为可汗。中国人自称为我,拉丁人也自称为爱伽。中国吴语称我辈为阿旁,梵语也称我辈为阿旁。中国称彼为他,梵语也称彼为多他。中国叹词有呜呼,梵语也阿薨。这种原是最简短的语,随口而出,天籁相符,或者古来本是同种,后来分散,也未可知?必定说甲国的语,从乙国来;乙国的语,从甲国去;就是全无凭据的话了。①

在不同语言之间找到一些声音和意义相似的词语,从而论证自然声音和谐的逻辑,乍看上去与刘师培如出一辙。但从前后行文可看出,章太炎在此处主要否定语言起源一元论的假设,他强调对照不同的语言,不能将一切简单化约成谁传谁,必须要进行具体分析。比如,关于多音节词的起源问题,他不承认汉语词汇原为单音节词,因而多音节词都是外来词的说法。他否定的是语言单方向流传的单线发展模式。他曾说:

> 有一个英国人,说中国的言语,有许多从外边来,就像西瓜、芦服、安石榴、蒲桃(俗写作蒲桃)是希腊语,狮子是波斯语,从那边传入中国……中国本来用单音语,

---

① 章太炎,《教育的根本要从自国自心发出来》,《章太炎的白话文》,贵阳:贵州教育出版社,2001年,pp. 96—97。

鸟、兽、草木的名，却有许多是复音语。但凡有两字成一个名的，如果两字可以分解得开，各自有义，必不是从外国来。如果两字不能分开，或者从外国来。蒲桃本不是中国土产，原是从西域取来，枝叶既不像蒲，果实也不像桃，唤作蒲桃，不合中国语的名义，自然是希腊语了。狮子，安石榴也是一样。像西瓜就不然，瓜是蓏物的通名，西瓜说是在西方的最好。两个都有义，或者由中国传到希腊去，必不由希腊传到中国来。①

刘师培认为方言的多样性是在"中心—周边"的单线关系基础上得以维系的。章太炎也有过类似的思想。如在《论语言文字之学》中，他认为汉字的孳乳繁衍本身就意味着字义引申的过程，并且将这一过程称作转注假借。② 由此，周圈论的方言扩散假设赋予了历时性，"中心—周边"的关系更为清晰地显示了时间的维度。

> 其释转注，亦未尝不可云"建类一首，同意相受"，而义则与许君有异。许所谓"首"，以形为之首也；吾所谓"首"，以声为之首也。许所谓"同意相受"，两字之意不异毫厘，得相为互训也；吾所谓"同意相受"，数

---

① 章太炎，《教育的根本要从自国自心发出来》，p. 96。
② 章太炎，《论语言文字之学》，《国粹学报》，扬州：广陵书社2006年影印本，p. 2510。

字之义，成于递演，无碍于归根也。虽然，此转注也，而亦未尝不为假借。就最初言，祇造声首之字，而一切递演之字，还观古人之专用声首，以兼该诸义者，则谓之"本无其字，依声托事"。是即所谓假借之近于转注者也。①

章太炎以转注和假借两个造字概念涵盖文字的繁衍过程。他说，他的诠释与许慎之间的不同在于他以声音的转变为主以释义，而许慎着重形体方面。按章太炎的解释，先有一个字音当"首"，然后"如水流注辗转不绝"，逐渐递演开来，遂形成数字一义的转注关系。在这种递演过程中，并非从一开始就有不同的文字，而以"声首之字"兼备不同意义的词，后者称作假借。但到了1910年此文收入《国故论衡》时，这个部分被修改，而转注和假借在《国故论衡·转注假借说》中得到了更为清晰的诠释。值得注意的是，经过这一修改，文字递演的历时性淡化了"中心—周边"模式的单线发展观。章太炎在《国故论衡·正言论》中写到：

诸夏语言承之在昔，殊方俚语，各有本株。故执旋机以运大象，得环中以应无穷，比合土训，在其中乎。若枉徇偏方，用为权概，既无俗雅之殊，宁得随情取舍。

---

① 章太炎，《论语言文字之学》，前揭，pp. 2527—2528。

> 今以纽韵正音料简州国,讹音变节,随在而有。妙契中声,亦或独至。明当以短长相覆,为中国正音。既不可任偏方,亦不合慕京邑。①

章太炎认为各地方言都有自己的起源,不能溯回单一的起源。"环中以应无穷"为《庄子·齐物论》中语:

> 是亦彼也,彼亦是也。彼亦一是非,此亦一是非,果且有彼是乎哉?果且无彼是乎哉?彼是莫得其偶,谓之道枢。枢始得其环中以应无穷。是亦一无穷,非亦一无穷也。②

《庄子》批评儒墨两家是非之辩都站在各自立场"以己为是,以彼为非,反之亦然"的无休止争论,这种是非之辩,并无普遍可遵循的标准,只是互相之间是是非非。郭象注之曰:

> 夫是非反复相寻无穷,故谓之环。环中空矣。今以是非为环,而得其中者无是无非也。无是无非,故能应夫是非。是非无穷,故应亦无穷。③

---

① 章太炎,《国故论衡》上《正言论》,第五十一叶。
② 郭庆藩,《庄子集释》,p. 14。
③ 同上书。

是与非反复旋转相互转化,而这种旋转运动是永无休止的无穷运动。只有旋转运动的轴心免于这种是非转化。① 由此看来,章太炎认为方言的分布并非静止不变,而在于不停的变化过程之中,但这种变化也不是汗漫无纪的。"本株"犹如语音变转的枢纽,而声转虽无穷变化却有一定的规律,即根据口腔中发音部位和发音方法的规律性调配而变化。章太炎在《文始》中解释古韵二十三部音转中的旁转和对转时说:

> 夫语言流转,不依本部,多循旁转、对转之条,斯犹七音既定,转以旋宫,则宫商易位,错综以变,当其未旋,则宫不为商,商不为角,居然有定音矣。若无七音之准,虽旋宫亦无所施,徒增其眯乱耳。②

"旋宫"是指宫、变宫、商、角、徵、变徵及羽的七个相对音律辗转相应于十二律绝对音值的律吕理论。据章太炎的说法,声音在时间空间上的流播沿着旁转或对转发生,这种转化

---

① 有关"道枢"和"环中"的诠释在如何理解《庄子》思想中"化"的问题时尤为重要。郭庆藩《集释》抄录其伯父郭嵩焘(1818—1891)对之所作的笔记和郭象的注释一起提供了很清晰的概念。今人关于《庄子》的研究中,中岛隆博(NAKAJIMA Takahiro)相关的论述也颇能给人以启发。参见中岛隆博,《『荘子』:鶏となって時を告げよ》,东京:岩波书店,2009年,pp.160—162。另可参见石井刚,《〈庄子·齐物论〉的清学阅读:反思启蒙的别样径路》,*Rethinking Enlightenment in Global and Historical Contexts*, UTCP Booklet 21, Tokyo: UTCP, 2011(收入本书第5章)。

② 章太炎,《文始·文始叙例》,章氏丛书本,第六叶。

不是没有任何秩序可循,而是犹如旋宫那样有一定的规律。"成均图"所显示的圆环模式便是这一规律的表现。此处暂且不去讨论"成均图"在音韵学理上可靠与否。但需要指出,集中表现在"成均图"上的声转观念已经不同于刘师培的"中心—周边"模式方言理论。因为如图表示,声转的关系并无可溯的一个中心,所有的韵部都在虚空的轴心周围沿着旁转和对转相互联结,且变换无穷。

章太炎以旁转、对转为核心的环状音韵理论实际上与他的齐物哲学之间存在着明显的类比关系。在《庄子解故》中,他说先秦诸子中的"命世哲人"应非庄生莫属,其思想特点可概括为"《逍遥》任万物之各适,《齐物》得彼是之环枢"。① "环枢"应以《齐物论》中的"道枢"、"环中"解,而在章太炎眼中,《齐物论》最为突出的特点便是如上引述的无穷旋转变化的事物运动观念。为什么他需要强调这种无穷无尽的变化呢?他在《国故论衡·明见》中概括庄周思想为"万物之聚散,始于黜帝,中于缘生,卒于断时"。② 也就是说,在章氏看来,《庄子》思想并没有设置宇宙生成发展的起源假设,也没有单线的时间观念,世界中的万物就是相缘相生而已。

章太炎对《庄子》思想的如此理解自然也会关系到"天

---

① 章太炎,《庄子解故》,章氏丛书本,第一叶。
② 章太炎,《国故论衡》下《明见》,章氏丛书本,第百四十一叶。据庞俊、郭诚永《国故论衡疏证》诠释,"始于黜帝"、"中于缘生"、"卒于断时"分别表示"无造物者"、"物皆待缘而生"及"无时间"。今从。参见庞俊、郭诚永,《国故论衡疏证》,北京:中华书局,2008 年,p. 557。

籁"的想像。《明见》中,他根据宇宙没有起源的假设来说明人要设置"泰初"是出于认识众物的需要,只是"随顺"之言。"随顺"是他在《五无论》的结尾处所使用的概念。

> 乌呼!人生之智无涯,而事为空间时间所限。今日欲飞跃以至"五无",未可得也。还以随顺有边为初阶,所谓跛驴之行。①

按他的佛学理论,时间空间本来由来于法执,是一种迷妄,而不是真存在。但人无法跳跃出此界,只能依靠这种境界,逐步向"五无"的本然推进。这就是"随顺有边"。这也是人使用语言捕捉世界时所无法避免的根本限制。但如果说,人的认识本身就是要求"了别"认知对象,那么,"随顺有边"为人的智能提供了必要的条件,章氏称之为"阿罗耶识"。他在《齐物论释》中认为"天籁"意味着"藏识中种子"。"藏识"乃"阿罗耶识"的汉译名,"种子",或曰"原型观念"就是阿罗耶识所包含的诸范畴理念。因此,对章太炎来讲,对"万窍怒呺"的万物讴歌其生命的情景发挥认知作用的过程才是"天籁"。

> 虽假设泰初者,亦随顺言说已。彼物不生,彼理不

---

① 章太炎,《五无论》,《太炎文录初编·别录》三,章氏丛书本,第五十九叶。

成,乌得有泰初?夫未成乎心,无是非。未成乎心,亦不得有今故。故曰天籁者,"吹万不同,而使其自己"。①

如此看来,章太炎的"天籁"概念与其说是对自然或理想的客观世界图景的描绘,还不如将之看成是产生对外认知的认识基础和主体条件的隐喻,则更为贴切。

六 章太炎和刘师培的"天籁"观异同

综上所论,章刘二人对"天籁"概念各有各的诠释,而这不同的诠释很形象地表现出二人思想的重要区别。刘师培认为"天籁"象征着自然的内在和谐秩序,他根据这种想像试图构建大同主义的历史发展观,而在他的这种思想当中可以看到一元论的生成论,他在一元论的假设上恢复人类本来的一元平等状态。所以,对刘师培来说,《庄子·齐物论》中"物无非彼,物无非是"说明了物和物之间区别的临时性和物本无区别的真理。因此,他在如何断开"齐/物/论"三字的问题上,主张断为"齐/物论"。而在章太炎那里,"天籁"更主要体现了人类的主观认知作用,并从语言转化的无穷性质的角度否定了一元论的生成观。他们的音韵理论尤其是关于转注和方言形成方面的有关观点有明显的相似之处,他们志同道合

---

① 章太炎,《国故论衡》下《明见》,第百四十三叶。

地去研究和搜集各地方言的动力大概由来于此。刘师培为《新方言》作后序时,表明他欲求"革夷言而从夏声"的初衷,并说这也是"太炎之志"。章太炎的确也有以江汉之间的语音为正音,再广搜各地方言恢复夏声的构想。① 但两个人所展望的未来图景,或者是未来的国家形态究竟是接近的还是相乖离的呢?

就"自然"概念的内涵而论,刘师培的"天籁"想像如果与他的历史观结合起来观察的话,"天籁"给他提供的是一种自然状态的预设。他把自然状态的理论预设和人类社会的历史演变过程结合起来,建构了辩证目的论的历史叙事。在这里"天籁"被当作人类发展的方向或目的,恢复人类本来的"自然 = 天籁"的和谐就意味着"物无非彼,物无非是"的万物齐同状态,即大同世界的实现。刘师培思想的特点可以概括为齐物平等观念和目的论历史观的结合。相对来说,章太炎的"天籁"观则缺乏类似自然状态论的理论预设,甚至缺乏目的论的发展观。他的转注诠释和语音符号的反任意性(anti-arbitrary)预设与刘师培的理论具有明显的相似性,但章太炎并没有将方言扩散的过程看作是单方向的单线发展,他构建的是独特的圆环模式声转理论。

应该说,章太炎的思想属于多元多样的发展观,比起刘师

---

① 章太炎说:"南北相校,惟江汉其中流,江陵、武昌,韵纽皆正。然犹须旁采州国,以成夏声。"参见章太炎,《驳中国用万国新语说》,第二十六叶。

培一元论的目的论思想,其包容性更大。依照"随顺"的思想,民族主义对章太炎来说也是一种"随顺",是在帝国主义势力以其强势进行压迫的世界权力格局之下组织主体进行抵抗的有力话语。在此条件下,《齐物论》所显示的万物平等的思想为反对帝国主义的呼声赋予了理论依据。章氏说:

> 原夫齐物之用,将以内存寂照,外利有情。世情不齐,文野异尚,亦各安其贯利,无所慕往。……然志存兼并者,外辞蚕食之名,而方寄言高义,若云使彼野人获与文化。斯则文野不齐之见为桀跖之嚆矢明矣。①

由于这段描述,《齐物论释》一直以来被理解为亚洲抵抗帝国主义的主体思想而备受青睐。但是,分析章太炎的思考体系之后,也许会随之出现几个新问题:民族革命成功消灭帝国主义之后,章太炎又"随顺"哪种思想观念坚持以无限多样而无穷变化为其旨的齐物哲学? 其普遍性诉求除了以民族认同为依托之外,究竟还有什么样的可能性? 无限接受变化的主体又如何能成为抵抗的主体? 这种变化万端的主体方式背后是否还有另外一层原秩序(meta-order)维系着人类主体性? 如果有,如何表达它? 回答这些问题,固然越出了本文的讨论范围。若要说刘师培的目的论思想存在着明显的局限性,那

---

① 章太炎,《齐物论释》,《章氏丛书》本,第四十一叶。

么,章太炎思想的可能性除去民族主义的话语战略后究竟还有什么样的实践性力量？这也是一个值得探讨的问题。刘师培与章太炎通过方言研究工作看到了实现民族统一的希望,而这种大同主义的统一观未必符合章太炎以多样变化为理想的世界观思想。恐怕不能由此便得出章刘二人最终只能分道扬镳的结论,并因此而中止对这一问题的思考。因为目的论和反目的论的两个取向也许更像是孪生兄弟一般,这就犹如章刘二人的思想。在今天全球化环境下反思现代时,章刘二人围绕"天籁"展开的哲思依然呈现在我们面前,虽隔着一个世纪的时光,他们仍然与我们一道分享着许多问题。

2010 年 12 月 17 日于东京

超越国家的国家想像：
章太炎和高山樗牛[*]

一 "齐物哲学"的局限性和可能性

有人称章太炎以《齐物论释》为核心的多元平等主义为"齐物哲学"。"齐物哲学"除了讴歌《庄子·齐物论》中"天籁"寓言所象征的万物"咸其自取"的无限多样、一切平等的理想世界图景之外，还明确批判帝国主义势力以"文野不齐之见"进行吞并。"齐物哲学"的平等观之所以难能可贵是因为其平等建立在万物不齐的条件上。这是对现代主义平等观的一个批判，也对功利主义政治哲学不考虑个体差异的预设构成批判。章太炎的思想里面还有一个特色是汉民族中心的

---

[*] 本文首次发表于华东师范大学现代中国与世界联合研究中心2013年3月9—10日举办的"中华民族的国族形成与认同学术研讨会"学术研讨会。

民族主义。在和杨度《金铁主义说》的论战中成篇的《中华民国解》(1907年7月发表于《民报》第15号)，在某种意义上，相对《金铁主义说》貌似强调"五族共和"实则使"文化中国"特权化并忽视民族文化多样性的普遍主义话语来讲，也许更具有对"特殊"的关照。章氏主张将"中华民国"的国家框架当成抵抗帝国主义的民族联盟。虽然如此，应该承认他作为汉人的文化优越感处处可见，他的由汉人来建立新国家，主导新国家的主观愿望恐怕无法掩盖。当然，民族作为抵抗的主体，在帝国主义势力进行瓜分甚至武力吞并的近代，其自觉的苏醒是很有必要的一个力量。但民族的崛起，尤其是在资本主义世界体系以不可逆转的态势要笼罩全世界的条件下，只能把建立一个民族国家(Nation State)当作其目标。这样，打败帝国主义势力(其实也是资本主义的变态)，成功建立一个民族国家之后，自己又不能不蜕变成为在资本主义世界体系中扮演一个组成分子的主体之一，由此，社会主义国家非但没有能够实现世界革命，也不得不推行国家垄断资本主义的发展道路。我们没有必要对章太炎做苛刻要求，但若要站在今天的角度重新挖掘章太炎哲学的可能性，我们还是需要关注其局限性，否则无法从他的哲学思想中提取真正有效的学术批判资源。

考虑至此，我们还有必要审视"齐物哲学"的批判意义了。他的多元平等世界观尚且可以看作我们今天面临全球化资本主义的种种不公正不公平时可供批评的一个有效资源，但如果进一步思考的话,还是会碰到一个问题:究竟什么样的力量或者机制能保证万物多样平等"咸其自取"、"使其自己"的世界呢?没有这个,"齐物哲学"只能是一个乌托邦想像,无法提升到政治哲学的理论高度。何况,以万物保持各自差异性为尚的思想也许正和资本主义的逻辑吻合。因为资本主义以货币作为价值的代码起到媒介作用的交换模式恰恰要求物与物之间的差异。资本主义的发展依靠剩余价值就是要制造优于其他商品的差异性。我们也可以从资本主义不同于市场经济的逻辑来批驳这种论点,但问题是"好的市场经济"能否有效运转是一个难度非常大的政治经济问题,也是很艰难的理论课题。笔者不具备讨论这个问题足够的知识。回到章太炎"齐物哲学"今天的价值和可能性问题上说的话,恐怕我们不能不承认目前还没有从中诠释出可供反思资本主义的有力武器。①

但还是需要往下思考。刘纪蕙 2012 年 11 月在中国人民

---

① Viren Murthy(慕唯仁), *The Political Philosophy of Zhang Taiyan: The Resistance of Consciousness*, Leiden, Boston: Brill, 2011,试图把章太炎以唯识论为主的思想看作对资本主义现代性的批判。Murthy 依据 Moishe Postone 的理论引进时间性(temporality)的视角诠释章太炎的唯识论思想。章太炎"齐物哲学"中的多元平等图景和时间性以及资本(价值)之间的关系问题可以说是切中要害的问题。但问题是,Murthy 对章太炎的这种诠释尚待商榷。西顺藏(NISHI Junzo)和近藤邦康(KONDO Kuniyasu)从"人民"主体形成抵抗帝国主义的角度欣赏中国现代革命历史,他们都认为章太炎为此历史奠定了思想基础,造就了毛泽东的革命。Murthy 也受西氏他们的预设,但他们未必深入思考资本主义的问题,尤其是资本主义世界体系和民族国家(Nation State)之间的同构性。

大学举办的"章太炎思想世界的新开掘"研讨会上所发表的报告《法与生命的悖论：论章太炎的政治性与批判史观》，为反思现代条件下的国家和个人的关系问题提供了很有见解的视角。① 刘纪蕙沿着福柯(Michel Foucault)—阿甘本(Giorgio Agamben)有关生命权力的批判反思国家权力以法的形式宰制个人生命的现代困境，试图在章太炎辛亥前后的政治性思想中寻求批判的可能性。如果对她全面精辟的论证做一个较粗略的总结，刘纪蕙的结论大概是：章太炎把国家看成"空处"，而且此"空"可以比拟于《庄子·齐物论》中"环中"的概念，由此要避免国家对个体的支配。刘文还有一个重要的诠释是人民作为主体像河水般自由来往于这种"空"的国家，从而有效解决民族主义陷入历史本体论的困境，试图将章太炎的"史"观念诠释为近似于阿甘本哲学考古学的批判史观。

毫无疑问，刘文包含着很多精辟的观点，在很大的程度上，也为笔者在阅读章太炎时遇到的疑窦展示了颇具说服力的解决途径。但是，正如本文要在后面探讨，并不是所有的问题都可以圆满解决。尤其是章太炎对"史"的阐发渗透着他强烈的民族情感因素，笔者认为刘纪蕙的表述并没有对这个因素给予足够的关注。如在《国故论衡》中，章太炎说：

---

① "章太炎思想世界的新开掘"学术研讨会于2012年11月10、11日在中国人民大学哲学系召开。

国之有史久远,则亡灭之难。自秦氏以讫今兹,四夷交侵,王道中绝数矣;然揖者不敢毁弃旧章,反正又易,藉不获济,而愤心时时见于行事,足以待后,故令国性不堕,民自知贵于戎狄,非《春秋》孰维纲是。《春秋》之绩,其什佰于禹耶。……孔子不布《春秋》,前人往,不能语后人,后人亦无以识前,乍被侵略,则相安于舆台之分。①

孔子编《春秋》使后人知道"国之史"。正如岛田虔次(SHIMADA Kenji,1917—2000)的经典诠释,章太炎把孔子的历史地位等同于其他诸子,经书的经典价值随之也变成了作为史书的价值。但对章太炎来说,这种变化不一定就是对孔子和经书的贬低,因为历史才是维系民族情感,激发爱国爱种感情的重要源泉。1906年著名的东京演说中,章太炎强调要"用国粹激动种性,增进爱国的热肠":

为甚提倡国粹?不是要人尊信孔教,只是要人爱惜我们汉种的历史。这个历史,是就广义说的,其中可以分为三项:一是语言文字,二是典章制度,三是人物事迹。近来有一种欧化主义的人,总说中国人比西洋人所差甚远,所以自甘暴弃,说中国必定灭亡,黄种必定剿

---

① 章太炎,《国故论衡·原经》,《章氏丛书》浙江图书馆1919年刊本,第七十一叶。

灭。因为他不晓得中国的长处,见得别无可爱,就把爱国爱种之心,一日衰薄一日。若他晓得,我想就是全无心肝的人,那爱国爱种的心,必定风发泉涌,不可遏抑的。①

经典诠释的历史在章太炎那里不应该是开放的系统。他在《訄书·学隐》中表示汉学对典章制度的考据为的是以"无用"的外衣下苏醒民族的记忆,为后世保存本民族的典故——国故。所以,章太炎的国家观念无法离开其历史和对它的情感。如果要从国家和个人的关系问题出发,试图反思国家的政治对个人生命的控制,那么,章太炎的这种国家观念应该成为审视和检验的对象了。当然,具体的历史和作为书写实践的"史"之间不能简单等同,对"史"的内涵和意义,我们还是需要进一步深入分析,但这个工作不能只靠章太炎的文本来完成。在这里只需指出,章太炎的历史以及"史"与国家及民族之间牢固的联结恐怕很难解开。

但今天要讨论的问题不是如何思考章太炎和其"齐物哲学"的局限性。笔者试图指出,章太炎的这种思想当时不一定是孤立的个案,而是自19世纪末至20世纪初,特别是日俄战争之前的日本知识界中还可以看到和他类似的思想。章太炎的思想是具备一定的时代特色的。这个事实有可能说明,

---

① 章太炎,《演说》,《民报》第6号,1906年8月。

日本和中国的思想家一起处在一样的世界历史情境中，泡在一样的话语环境，面对一样的现实，却在各自不同的历史角色和命运中孕育出了不同的思想品质。他们对现代资本主义机制下建立并发展的民族国家体系进行了一定的批判和对抗，而且这种批判和对抗建立在个人价值的肯定之上。再进一步演绎的话，这是后现代的条件下思考个人生存问题的一个重要资源。①

二 章太炎国家论的悖论

章太炎 1907 年 10 月在《民报》第 17 号发表了《国家论》。其模型是在张继和刘师培等人和日本的幸德秋水（KOTOKU Shusui, 1871—1911）、堺利彦（SAKAI Toshihiko, 1871—1933）、山川均（YAMAKAWA Hitoshi, 1880—1958）、大杉荣（OSUGI Sakae, 1885—1923）等社会主义、无政府主义思想家合作举办的社会主义讲习会上所作的报告。《国家论》的开头处，章太炎说，自己在社会主义讲习会上遮拨国家太甚，因此重新撰写此文。他的出发点就是著名的"个体为真，团体为幻"，即世界上只有个体有自性，集个体而成的任何集体都是"虚伪"，是假有。人们需要国家的目的在于

---

① 在此，"后现代"很大程度上包含着张旭东和 Arif Dirlik 的用法。See Arif Dirlik and Xudong Zhang ed, *Postmodernism & China*, Durham and London: Duke University Press, 2000.

"防御"。

> 国家初设,本以御外为期。是故古文"國"字作"或",从戈守一。先民初载,愿望不过是耳。①

所以,如果没有外患,国家就没有其存在意义。但国家没有必然存在的道理,也不一定就是不应该存在。不只是国家,人所构造的大半事物都不具备存在必然的应然理由。事实是,有不可阻挡的"势"决定它存在而已。这种"势"迫使人们求得"安全",因为,人的一生中没有时刻得以自在。这样,一层一层地加固自己的安全,最后建立了国家。在这里,"安全"一词显得格外重要。

> 尽此百年,无一刹那得以自在。于是则宁以庶事自缚,以求安全。若从吾所好者,安取是扰扰为?然既已自求安全,则必将层累增上,以至建国而止。②

研究日本现代政治思想史的韩国批评理论家金杭(KIM Hang)正从"安全(security)"的角度对日本战后以国民国家(Nation State)为单位寻求民主政治的国民主体的政治理论进

---

① 章太炎,《国家论》,《章太炎全集(四)》,上海人民出版社,1985年,p.460。
② 同上书,p.464。

行了解构性批判。金杭分析日本殖民统治下的朝鲜作家金圣珉(KIM Song-Min,1915—?)用日文撰写的小说《绿旗联盟》。这部小说成立于1940年。此时日本殖民政府的管制下,朝鲜展开"内鲜一体化运动"("内地"即日本和朝鲜的一体化。这项运动实际上是使朝鲜人民完全隶属于日本民族之下的文化压制政策)和"半岛人的皇民化"。"绿旗联盟"是当时在朝鲜辅翼殖民政府皇民化政策的机构。作品中的主人公是一个在早稻田大学读过书的青年,他正要考虑上军校将来当军人,而遭到了父亲的屡屡反对。主人公的弟弟为了说服父亲,让他亲看了一部战争片:

"爸爸,您也作为一个国民,有义务捐款的。"

"什么叫义务?正因为我同情他,才……。"

"同情到是没错。但那样打仗也是为了您好啊!"

"你在说什么呀?"

"可是,如果中国的飞机飞到汉城上空,他们当然轰炸总督府,但他们也不可能就对您的家客气呢。"

"中国对我记什么仇?"

"这不是记仇的问题。说白了,爸爸,您是个日本人。"

父亲从来没有认为自己是日本人,才不同意儿子为日军效力。但父子俩的会话一涉及到自家的"安全",父亲的态度就发生了微妙而本质的变化。

"听你叔叔说日军很厉害,中国根本敌不过他们呢。他也说,万一飞机真的飞过来,军舰击落他们又很简单。所以,他说一点都不用担心……"

"请您想想日军如果没有那么厉害的话,会怎么样?汉城会是活地狱一样了。要么失去父母,要么失去子女,一家人被迫离散,财产一刹那间都会归于灰烬也说不定。"

经过了这些对话,父亲考虑到维护家人"安全"的重要,转而支持儿子当兵,甚至认为"为国出力"是他的使命。① 笔者在这里特意用引号强调了"安全"两字。在金杭的论述中,"安全"才是促使现代国家形成的重要动力,赤裸裸的暴力以及暴力会带来的死亡的危险相互起着作用把人们引向国家的形成。"不间断的恐怖"和"血与战斗"是国家成立的根本条件。②

透过金杭的分析,我们可以知道恐怖和战斗带来的"安全"隐患既是国家成立的原因(这也仿佛霍布斯的自然状态和统治契约论),也是在这种机制的作用下,组成一个国家的

---

① 金杭,《帝国日本の閾》,岩波書店、2010年,pp. 3—6。以上对白均引自该书。
② 同上书,pp. 12—13。

社会中的弱势群体彻底被否定自己的主体地位。章太炎不止一次使用"安全"一词来说明国家不得不存在的缘由。如果想到金杭的上述批评,就不能不忽略了。

我们要回到章太炎的国家论。他分析现实中的国家。现实上的国家之所以不能取消,他说,是因为周围还有别的国家。

> 今之建国,由他国之外铄我耳。他国一日不解散,则吾国不得不牵帅以自存①。

反过来说,如果别的国家一旦解散,"安全"隐患也不存在了,自己的国家也没有必要留存下去。因此,国家的诉求是在特定的条件下才有合法性。

> 言爱国者,惟有侵略他人,饰此良誉,为枭为鸱,则反对之宜也。乃若支那、印度、交趾、朝鲜诸国,特以他人之蹂灭蹂躏我,而思还其所故有者,过此以外,未尝有所加害于人,其言爱国,则反对之有?爱国之念,强国之民不可有,弱国之民不可无。②

---

① 章太炎,《国家论》,前揭,p. 464。
② 同上书,pp. 463—464。

说到这里,问题就出来了。建立国家是"安全"起见的不得已之计,一个民族一旦扭转乾坤成功摆脱他国"翦灭蹂躏",建立起自己的国家,那么,这个国家理应立刻要走向解散之路。但同时,当今世界以国家为单位的格局之下,这个国家也不能单方向地宣布解散。章太炎此时作为"弱国之民"的角度思考国家存在意义提出"强国不可有爱国之念"的主张,但多国之间互相牵掣的国际格局之下,国家还是有其充分的存在理由了。那么,国家在此情况下是不是已经转化成无法否定为"假有"的真存在了?章太炎在上引文字之前对"爱国"情感做一个很有意思的诠释:

> 夫过去者已灭,未来者未生,此即虚空无有之境。然于现在正有之境,而爱之甚微,于过去未来无有之境,而爱之弥甚者,此何因缘?则以人心本念念生灭,如长渠水,相续流注,能忆念其已谢灭,而渴望其未萌芽者,以心为量,令百事皆入矩矱之中,故所爱者亦非现在之正有,而在过去、未来之无有。夫爱国者之爱此历史,亦犹是也。①

由此而推,爱国的情感是对不存在的过去或未来的感情。正如上引文字所显示,"爱国之念"是弱者的专利,所

---

① 章太炎,《国家论》,前揭,p. 463。

以,清朝统治下的汉学派把自己的民族情感寄托到古代的典章制度上,同理,在殖民统治下的朝鲜人也可以"隐"的态度来保存"国粹"寄望于未来的光复。但实际上,想像的未来是以对过去的记忆为条件才可以存在的,那么,到底是什么能够维系人们对过去的共同记忆呢？再者,对"安全"的需求和对过去的共同记忆究竟哪一个对国家的存在更为根本？"安全"和"爱国之念"之间恐怕不会像章太炎表述那样可以划开界限。

可以说,章太炎的国家论是包含着悖论的。理念上否定国家的存在意义,但同时在特定条件下,换句话说,时势的逼迫下,国家的存在又得到消极的合法化。但至少有一点比较清楚:国家只是为个人生命这个崇高目的而设的一种工具。一方面在个人本位的价值取向上,对国家的意义给予消极的肯定,同时在另一方面强调特定条件下的民族情感的重要。似乎相悖的两个面向构成一套国家/个人关系链。在这一点,我们可以发现,日本明治后期的个人主义思想中也不乏类似的思想。今天要讲的是高山樗牛(TAKAYAMA Chogyu,1871—1902)的国家观念。高山樗牛是一个天资聪颖却英年早逝的文学家、思想家,在明治后期的知识界中颇具名声,但一直以来,学界对他已经淡忘了很多年,相关的研究和他当年的影响相比应该说还很少。为什么要把他拿出来付诸讨论？我们先简单回顾一下高山的生平及其思想的特点,大致了解一下今天讨论他的意义和价值。

三 高山樗牛的日本主义

高山樗牛,1871年出生于日本山形县。原姓斋藤,原名林次郎。岁时由其舅父高山久平收养,故随养父姓高山。樗牛是他的笔名,起自《庄子·逍遥游》中"吾有大树,人谓之樗"和"今夫犛牛,其大若垂天之云"。他就读于东京帝国大学哲学系期间发表小说《泷口入道》,也与井上哲次郎(INOUE Tetsujiro,1856—1944)等人组织帝国文学会,发行《帝国文学》。1897年,出任《太阳》杂志主编。《太阳》杂志创刊于1895年,是日本近代最著名的综合杂志,每一期发行量为十万部或更多,当时号称"苏伊士运河以东第一"。《太阳》杂志的创办标识着日本社会已经步入了安德森所说的印刷资本主义维系民族认同的 Nation State 时代。应该说,早在1880年代,国族认同感的诉求在公共领域中已经以各种声音表现出来,比如德富苏峰(TOKUTOMI Soho,1863—1957)的《国民之友》杂志和"平民主义"、三宅雪岭(MIYAKE Setsurei,1860—1945)和志贺重昂(SHIGA Shigetaka,1863—1927)的《日本人》杂志和"国粹保存主义"以及陆羯南(KUGA Katsunan,1957—1907)《日本》报的"国民主义"等等,均为其例。但是这些主要都是对当时激进欧化之风的反动表现,虽然其具有很强的民族自觉,但还没有得到大众化的普及。到了19世纪的最后5年,随着日本社会的工业化和资本主义的发展,工人阶级初步形成,早期的工会运动应运而生,为20世纪初的社会主义思潮准备了社会基础。此时资本主义的发展标识着明治维新"富国强兵"路线和文化上的启蒙主义初步完成,促进了个人观念的萌生,形成了追问个人生命意义的思潮。高山樗牛在这种情况下登上了日本公共知识的舞台。

他此时的思想特点可概括为"日本主义"。

> 何谓日本主义?依以国民特性为本之自主独立精神,将发挥建国当初之抱负作为目的之道德原理是也。
>
> 究根问底,国家真正之发达不可不基于国民之自觉心。国民之自觉心得国民特性之客观认识之后才可得其兴起,而如是国民特性非依精覈之历史或比较之考察不可得认识。吾等所谓日本主义与夫偏树己以排他之狭隘主我反动决不可同日而论也。①

1897年发表的这篇《日本主义》一文中,高山樗牛大力赞颂"君民一家"的日本"三千年"皇宗历史,宣扬提倡日本主义便是"指定日本国民安心立命之地"的道德实践。② 应该说,这种思想是十足的民族主义或曰国家主义,但正如松本三之介(MATSUMOTO Sannosuke)的观察,高山提倡日本主义实际

---

① 高山樗牛,《日本主義》,《樗牛全集》第4卷,博文館,1927年,p. 327。
② 同上书,p. 335。

上离不开个人如何"安心立命"的问题。① 国家的富强兴盛已经不是不言自明的民族目标了,国家的意义必须建立在个人精神对其生命意义的诉求和道德意义的渴望之上。国家和个人的价值发生了颠倒。在日本思想史叙事中,自 19 世纪末至 20 世纪初的大约 10 年左右时间被认作"自我意识"觉醒,"个人主义"形成的时期,为其后自然主义文学的产生开了一个先河。

在《日本主义》中,和隐约可见的个人本位主义的萌蘖一样不可忽视的思想特点,是国家主义和人类视角的结合以及站在普遍主义视野上的亚洲种族同源论。高山大概受到了语言学家弗里德里希·马克思·穆勒(Friedrich Max Müller)的影响,喜欢提到蒙古系统的 Turanian 族不同于印度亚利安族的流行观点,在别的文章中也主张亚洲民族应该联合抵抗欧洲文明侵袭。在《日本主义》中,他明确表示:"日本主义务于维持世界和平,进而以期人类情谊的发达"。②

高山"日本主义"的重心逐渐由国家本位往个人本位转移,其最显著表现为著名的《论美的生活》(1901 年)。这篇文章对个体本能的高度肯定当时引起了很多争议。

> 有何目的而出生于是世?此非吾人所知也,然而生

---

① 松本三之介,《明治思想史》,新曜社,1996 年,pp. 200—202。此外,上述日本 1880 年代以后思潮的概况亦参考了松本该书。
② 高山樗牛,《日本主義》,p. 335。

后吾人之目的在于幸福则不待言。幸福何谓？以吾人所信观之，则本能之满足即是耳；本能何谓？人性本然之要求是也。使人性本然之要求满足，兹是言美之生活。①

当时引起争议的原因，恐怕不止一个。但其中重要的不是对其本能绝对化论点的批评，而是对如下表述的质疑：

> 吾人之本能，种族之习惯之谓也。幸而生于后代之吾人虽无念无为受其满足，然试考吾人祖先经过几何星霜与苦痛才得传如是遗产与吾人。②

高山极端崇尚个体的本能，美的标准就是本能能否满足。他要求美的生活，理想的生活应该符合美的标准，而美的境界无非是人性本然的要求得到充分的满足。但他在另一方面还认为个体的本能离不开"种族之习惯"。这种表述容易让读者认为这是个体本位主义和国民性的混淆。但我们不必把它理解为"混淆"，实际上，高山在这里将个体本位的美学思想和文化心理结构的历史性积淀结合为一。这才是高山既要崇尚"日本主义"也要提倡极端个人主义的美学思想最大的特点。

---

① 高山樗牛，《美的生活を論ず》，《樗牛全集》第4卷，pp. 766—767。
② 同上书，p. 770。

1900年,国家要派高山樗牛和他的朋友姉崎正治(ANESAKI Masaharu,1873—1949)去德国留学,但因为高山患有肺结核,不得不放弃了这个机会。研究章太炎的人大概都知道姉崎正治。他在东京帝国大学哲学系研究宗教学,可以说是日本宗教学的开山祖。其《宗教学概论》曾给章太炎带来了很大的影响,根据小林武(KOBAYASHI Takeshi)的考证,章氏《訄书·原教上》几乎都是《宗教学概论》的翻译。其关于语言的符号象征性和事物现象之间不一致的想法也给章太炎的语言哲学提供了重要的启发。① 姉崎还作为日本哲学会的干部为刚流亡到日本的梁启超组织过学术讲演会,是著名的"支那的宗教改革"讲演。应该说,姉崎对中国晚清思想史有一定的贡献。

高山的恶疾不仅使他放弃了留德的机会,也早早地夺去了他刚过"而立"之年的生命。1902年,在日俄战争前夕,日本国内支持开战的声音愈发放大的时候,他却因结核病加重去世。

四 高山樗牛的国家想像

关于高山樗牛以《论美的生活》为首的美学或哲学思想,一般认为是日本思想界第一股"尼采热"的典型表现。我们

---

① 详见小林武,《章炳麟と明治思潮:もう一つの近代》,东京:研文出版,2006年。

可以援引已故的鲁迅研究学者伊藤虎丸(ITO Toramaru, 1927—2003)对1895—1904年期间"尼采热"的精要评述:

> 这不到十年的时间里,我国的尼采想像由"积极的人物"、经由"文明批评家"到"本能主义者"的变迁……也是从具有生产性的能动型人物的、有意志的"独立精神",转为非政治的消费者型且感性化的"现代自我"意识的变迁过程。
>
> 这种尼采想像的变迁意味着对尼采"个人主义"的理解的变化。……如何理解,如何接受"个人主义"对亚洲的现代化来说,是个根本问题。明治30年代[引者注:即大约1895—1904年的十年]对尼采的想像,也就是说,对尼采个人主义的理解的变化也许说明着这一段时间在个人主义(把人看作"个体"的观点)的接受史上发生了一个分歧。①

根据伊藤的分析,这种分歧的一个方向代表鲁迅的个人主义理解。伊藤认为鲁迅成功地把"积极"且"奋斗"的个人主义吸收为"道德的内在化"而实现了现代个体观念,但分歧的另外一个走向并没有在现代主体意识的培养和"道德的内在化"方面吸取足够的营养,只是在"本能主义"的方向发展

---

① 伊藤虎丸,《魯迅と日本人》,朝日新聞社,1983年,pp.54—55。

了否定国家主义、道德主义和平等主义的文明批评。伊藤显然支持鲁迅的路子,但这个路线的方向还有姊崎正治的好战思想。姊崎正沿着"积极的"、"奋斗的"超人理想的想像在日俄战争前夕号召青年"战斗吧,大力战斗吧!"①这句话是姊崎正治在发生日俄战争的1904年发表的文章的题目。战争就在发表这篇文章的第二个月爆发了。姊崎痛斥在和平繁荣中被驯化的人民,号召人们应该摒除怯懦心理勇于战斗。姊崎的好战思想出于他对时代的特殊判断。1903年5月,年仅16岁的哲学少年藤村操(FUJIMURA Misao,1886—1903)苦于无法理解人生的意义投水自杀。他死前刻在树皮上的遗书中有"我怀恨烦闷终决赴死"的一句话。《太阳》、《万朝报》等大众传媒认为这个事件象征着当今青年们迷茫于人生意义的苦恼,富有时代社会的特点,故此,"烦闷"一词成为了代表时代氛围的流行词。姊崎的好战思想与此密切相关,他认为此种"烦闷"的苦恼必须要由奋勇战斗克服怯懦且安逸于世的堕落心态才能解决。

对"烦闷"的理解,显示着高山樗牛和姊崎正治之间的区别。高山在《太阳》杂志刊出姊崎的信函,表示在尼采个人主义的理解上与他有分歧,且其分歧主要表现在对日本14世纪的僧侣日莲(Nichiren,1222—1282)的理解上。高山说:

---

① 姊崎正治,《戦へ、大いに戦へ》,《太陽》第10期第1号。

> 嘲风［引者注：姊崎号"嘲风"］尚不慊于尼采，以为尼采的个人主义中有抹不掉的污点，即其排他性和独尊性；他所主张的直进之意志虽并不为非，但其意志太过孤独也。……离不开个人存在的意志难道没有自他融合之道？能不排他而自满乎？嘲风这个疑问在瓦格纳处得到了解决。……嘲风宣告不能苟同我对日莲的崇拜，并说其原因在于日莲有比起瓦格纳更像尼采的嫌疑。①

姊崎在瓦格纳那里看到了对音乐的激情和对人类的爱心与同情相结合的可能性。他认为，瓦格纳的歌剧可以代替宗教，给烦闷的人们带来福音，使人感受到能融合宇宙一切的爱。相形之下，日莲以极端推崇法华经典的方式警醒人心，根深蒂固地要与世人对抗，甚至诅咒社会，和瓦格纳的爱和同情几乎相反。姊崎正治对瓦格纳音乐的崇拜似乎比高山的美学个人主义更为激昂，甚至狂热。他的论述表面上看来和国家主义毫无关系，但一旦面临危机，立刻就变成赞许勇猛和力量的浪漫情绪，这一点，姊崎思想的轨迹中太过明显了。

实际上，此时的姊崎正治对高山樗牛的日莲论缺乏足够的了解。用一句话来概括高山日莲论的要点，那就是对国家存在意义的否定。显而易见，高山的美学个人主义为此起到

---

① 高山樗牛，《再び樗牛に奥ふる書》記，《明治文学全集40》，筑摩書房，1970年，p. 225。

了连接作用。

若要悟出真谛,最好先怀疑自己。个人应该怀疑个人的存在。为什么在活,也为什么要活下去?这些疑问应该认真思考。这是最古老的疑问,也是最新的需求。社会也应该怀疑其存在的理由。尤其是国家的宪法和法律、广阔的版图和强盛的军备,国家拥有这些究竟为的是什么? 也应该怀疑这些是不是非存在不可?①

检验国家存在的意义之要在于国家是否体现真理。高山在此发现了日莲。日莲当 14 世纪蒙元帝国对日本将要发动武力进攻的时候,主张全社会要皈依法华宗,否则国家将会灭亡。在高山看来,日莲和耶稣一样伟大,他们都在普遍主义的高度提倡自己的宗教信仰。他们的普遍主义都预设一个高于现世的理想世界,他们通过醇化人们道德灵性,实现理想世界的到来。在现实世界中实现理想世界的渴望之大让他们毕生奉献给求道,而在日莲那里,求道精神甚至使他否定了国家的存在。

于此世间最大者非必为国家也。最大者法也,信仰

---

① 高山樗牛,《感慨一束・姊崎嘲風に與ふる書》,《樗牛全集》第 6 卷,博文館,1927 年,p. 414。

也。事于法之人有时大于国家也。在如是之人,若非法所净化之国土,则非真正之国家也。日莲则如是之人也。①

违背佛法的国家不是真正的国家,理应毁灭。在此意义上,从日莲(以及高山)看来,日本这个国家应该灭绝。

> 法需要有国家和人民作为其对境。然而,并非任何国家和任何人都可以作为对境。恶国不能不膺惩,恶人不能不戒化。如此造就适于法的国家与人民,毫不为怪。日莲是为真理承认国家的,不是为国家承认真理。对他,真理总比国家大。是以他承认国家为真理灭亡。不,如此灭亡的国家可由灭亡再次获新生,乃他坚定不移的信念也。②

高山樗牛和姉崎正治一样诟骂日本社会在和平繁荣的外貌下变得庸俗单调。他也和姉崎一样渴望战斗,打破"堕落的和平"。但和姉崎通过审美的愉悦求得爱心和同情不同,高山诉诸一种正义来判断国家的是与非。高山究竟以何为真理,以何为正义?日莲的国家论吸引他不是因为他认同法华经的经义,他只是被日莲的如此"求道精神"打动而已。因为

---

① 高山樗牛,《日蓮上人と日本国》,《樗牛全集》第6卷,p.511。
② 同上书,p.512。

高山没有充分展开从日莲得到灵感的思想之前就去世了,我们无法知道,如果他活着,其思想会朝向哪边发展。只是综合高山以"美的生活"为核心的个人主义道德论述推想,国家的是与非应该以能否让每一个个人充分发挥"人性本然的要求"实现"美的生活"为标准来衡量。高山去世后,姊崎正治评述他的日本主义说:"他的日本主义绝非如有人所倡导的以日本为单位的国粹保存主义。他借这种主义来试图将人性自然的要求和现世间的利害调适起来。因此,他的日本主义以原本的性格或者理想为主,以国家道德为客"。①

五 反思明治后期的日中思想链环

关于高山樗牛的生平和思想,也许我们谈论得已经太多了。要回到会议的主题"中华民族的国族形成与认同"相关的思考,我们应该考虑:中华民族的国族意识将要形成的时期,已经出现了对国家存在意义的质疑,以及不为国族认同所回收的个体想像。章太炎以《国家论》为首的国家/个人关系想像乃是很好的例证。虽然如此,章太炎在肯定个体存在的本然,本质上反对国家对个体的支配的一方面,有一种很强烈的民族情感,而且那里似乎缺乏个体生命"安全"受到威胁的

---

① 姊崎正治,《性格の人 高山樗牛》,姊崎正治、山川智应编《高山樗牛と日莲上人》,博文館,1917年,p. 401。

恐惧感和国家认同感之间的纠缠。从章太炎以及当时的中国的角度来讲,这个恐怕不是大问题。章太炎主张弱者的爱国,也是从把自己看作弱者的立场出发而发的。那么,接下来的问题是,从当年的"强者"或者是"侵略他人"、"翦灭蹂躏"的立场看会怎么样?高山樗牛试图挑战国家存在的本然性,也就是说,从他的逻辑类推,不法的国家必然要使其灭亡,那么,对他人"翦灭蹂躏"的国家应属灭亡之列无疑。赞颂瓦格纳的姉崎也一样不会同意"翦灭蹂躏"行径。同时,高山从"人性本然"能否充分发挥的角度评判国家的正义与否。那么,出于"安全"隐患皈依于一个国家的个人因为不能说他/她的"本然的要求"得到了满足,所以,在逻辑上,高山的国家论不会允许国家有这样的个人。问题是,高山死后,接续并发扬他的思想的好友姉崎正治在日俄战争前夕大力宣扬好战思想,在战争期间也在言论领域拥护此次战争。高山/姉崎的路线高度重视尼采"本能主义"方面的结果,不管是否他们的初衷,结果都为日本的武力扩张提供了社会心理动力。伊藤虎丸不慊于高山樗牛的尼采诠释,其原因大概也在于此。按照伊藤的分析,把尼采"积极"、"奋斗"的个人观成功转向道德主体的思想家便是鲁迅。其《破恶声论》以及其他早期的文章在中国人的内在心理看到了真正的危机,从而号召依靠精神和个性的力量,创造出"真人",并塑造出"回心"的民族。[①]

---

① 伊藤虎丸,《鲁迅と日本人》,p. 63。

伊藤认为,鲁迅的思路类似于日本的著名基督徒内村鉴三(UCHIMURA Kanzo,1861—1930)。内村出于基督徒的博爱精神极力反对日本向俄国开战,提倡了"非战论"。他曾说过自己热爱两个"J"—— Jesus and Japan。因此可以说他的"非战论"也是他的爱国情感的发露。高山和内村的"日本主义"(内村不是日本主义者,但他对第二个"J"的挚爱实际上和高山的日本主义相通)不是拥护现成国家存在的情绪,而是内在主体性的依托。

有趣的是,鲁迅的《破恶声论》、《魔罗诗力说》、《文化偏至论》等文章也受到姊崎正治和高山樗牛的弟弟斋藤信策(SAITO Shinsaku,1878—1909)的直接影响。斋藤信策,又名斋藤野之人(斋藤野の人,SAITO Nonohito)接续高山的尼采论曾撰写了多篇文章。如在《国家与诗人》(1903年)中斋藤说到:

> 国家国民的精神总在于"人",而"人"总为诗人所命名……他们面前没有国家,没有社会,也没有阶级,只有人生而已,只有人生的尊严而已。啊!给我们自由、理想、光明、和平的唯有这些诗人,他们之外不可能有别的。……国家是手段,"人"是理想。无"人"的国家没有意义。故无灵的国家、无人声的国家吾等即使一日也不以其存在为德。①

---

① 斋藤野の人,《国家と詩人》,《明治文学全集40》,pp. 106—107。

斋藤的表述几乎是高山樗牛在皈依日莲之后到达的国家论的一个诗意诠释。因为已经篇幅过大，没有余地在此展开探讨斋藤和早期鲁迅思想之间的关系。正如汪晖的细致阅读显示，鲁迅的《破恶声论》和章太炎的"齐物哲学"之间有很多相通的地方。① 如果再进一步考索，也许可以发现他们的思想和日本高山、姊崎、斋藤等人之间更多的思想连环。无论是鲁迅也好，章太炎也好，都在日本活动期间广泛阅读了日本的东西，也深入体会了日本的思想言论氛围。而这一切都是在现代化的进程当中形成国族国家，进而正朝向帝国主义国家蜕变的日本早期资本主义文明的产物。"中华民族国族形成"的问题实际上离不开那个时候中国外部的世界史情境，尤其是以环日本海地区为中心的东亚世界那个时候正在经历和承受的历史以及凝重张力。

参考文献

中島長文，《ふくろうの声　魯迅の近代》，平凡社，2001 年

李妍淑，《「ことば」という幻影—近代日本の言語イデオロギー》，明石書店，2009 年

先崎彰容，《高山樗牛：美とナショナリズム》，論創社，2010 年

---

① 汪晖，《声之善恶：什么是启蒙？一重读鲁迅的〈破恶声论〉》，《开放时代》2010 年第 10 期。

《庄子·齐物论》的清学阅读：
反思启蒙的别样径路[*]

绪　论

"启蒙"(enlightenment)原来的意思既然是"照亮起来"，启蒙理性总离不开光明的意象，也就是启蒙和视觉密切相关。与之相对，声音更倾向于代表上帝或者神秘的力量。据《创世记》记载，上帝号令说"要有光！"于是形成了天地。所以，光明的出现完全受制于声音，光明的存在本来就要依赖于上帝的声音才能够成立。在这个开天神话故事里面，声音代表着造物主的指令，万物的存在受制于一种声音的控制。由此

---

[*] 本文首次发表于 2010 年 8 月 25—26 日在北京大学召开的 International Center for Critical Theory, Peking University Summer 2010 Workshop on "Rethinking Enlightenment in Global/ Historical Contexts"。后收入 *Rethinking Enlightenment in Global and Historical Contexts*, UTCP Booklet 21/ ICCT Series 1, 2011。

而推,视觉和听觉的区别就明显了,似乎可以说,视觉的获得使人类得到独立于上帝声音的控制自行寻求智慧的可能。在《创世记》中狡猾的蛇唆使夏娃吃果子获得像上帝一样能辨别善恶的力量。之所以能够辨别善恶,是因为吃了那棵树上的果子可使眼睛明亮起来看到一切。视觉是通向智慧和道德的法门,也就是人类依靠自己的经验来把握世界的最直接的官能。视觉和人类的智慧密不可分,自从获得视觉的那一天,人类就开始以自己的眼睛对待世界。

于是,启蒙的过程可以看作是人类靠着视觉从蒙昧走向光明的历史步骤。启蒙思想在西方的兴起肇端于对上帝的领域和理性的领域进行分野,人类的理性对后者用数学的语言进行描述。这并不是对上帝的否定,而是在科学理性的范围内对现象世界的真理进行探索。一种可以不侵犯上帝领域的界限由此划定,从而促进了神学和哲学的分工。这是理性主义的渗透,或曰"去魅"化的过程。

本文要分析的文本,即《庄子》在东亚近现代历史当中经常作为不同于西方现代思想的东方思想财富被赋予了克服后者弊端的批判性价值。回顾中国和日本现代历史,前者经历一段"救亡压倒启蒙"的历史,后者以"超克近代"的口号,将现代性的批判和浪漫主义的反启蒙思潮以诡谲的方式结合起来。单就日本而言,《庄子》和禅宗一起被理解为"无"的思想。泯灭差异为善的"万物一体"思想套在《庄子》思想上,由此凸显了东方思想的独特性(甚至是"优越性")。但问题是,在东西方文明二元对比的框架下,强调说《庄子》的思想相对于西方思想更具有独特性,究竟有多大的积极意义?如果承认资本主义世界体系推动全球现代化启蒙的不可逆转趋势存在着,那么,即使说明东方传统思想异于西方现代思想的特点,也无法构成对后者的内在反思。因为那种思想在此形势下早已一去不复返,借它来进行批判,充其量就是一种外在批判,而外在批判往往遮盖批判对象中的真正要害问题,甚至是要遮盖批判者自己的问题。更何况,以"无"或"万物一体"等的虚无想像来批判现代性的时候,其背后也许就期待着另外一种更为强劲的凝聚力量乘虚而入。

《朝日新闻》1945年9月5日题为"和平国家"的社论如此描述同年8月15日的"突变":

> 然则,这种突变究竟从何处来?这是东方的神秘,也是日本的神秘。直截了当地讲,它来自8月15日中午的天籁。它为我们指明了真实,因为它正是天籁。从那时起,自瞒事实者无法获得饶恕了。无论毫无意义的虚架子也好,以自我为本位的欺瞒也罢,都无法存活下去了。它是渗透到民心深处的一种力量。

1945年8月15日中午,昭和天皇通过全国广播亲口宣读了"终战诏谕"(通称"玉音放送")。这是二战的结束,也是日本民族从军国主义统治获得解放的现代史最重要的历史转捩点,日本国家从此获得新生,开始迈向"和平国家"之路。正如日本文艺评论家桶谷秀昭(OKETANI Hideaki)所评论,"玉音"宣布全面投降的一刹那有一种深沉的虚无感笼罩了全国,当时的媒体话语将这个虚无解释成"天籁"的"自然现象"。但这种"自然"或"虚无"一旦与"天籁"的比喻连接起来,就成为了代表"指明真实"的"玉音"。① "天籁"是一个在《庄子·齐物论》开头的故事中出现的词语,也是本文所要分析的重点问题之一。我想在此只确认一下:《庄子》的寓言赋予我们如上种种想像,往往被放置在现代性和现代化进程的对立面,用于说明现代理性无法捕捉到的某种作用和力量。这种想像有时以反现代的姿态实质上帮助强化推动现代化的非理性力量,上述《朝日新闻》的社论正反映着这种吊诡。如果说日本战后以"和平"为指归的民主建设在这种"天籁"的引领下启动,那么,此"天籁"如此顽强的生命是如何得来的呢?

至此,不禁要问的一个问题是:《庄子》是否真的处在来自西方现代启蒙的对立面? 如果阅读《庄子》还有一套同步于现代进程的读法的话,是不是可以从另外一个维度上找到它可供反思现代启蒙的资源? 如果这样,《庄子》就不是在现代性的对立面而被当成外在批判(同时自我合法化)的工具,

---

① 桶谷秀昭,《昭和精神史》,东京:文艺春秋,1992 年,p. 623。《朝日新闻》社论由此转引。

而是可以当作我们内在反思的一个切入点。而若细读其《齐物论》,我们可以找到别样一种"看"和"听"有关的寓言在其中,因此,本文试图就《齐物论》分析这个文本如何描述视觉和听觉各自的作用和形态。

一 《庄子·齐物论》中的"看"和"听"

《庄子·齐物论》①中有两个寓言故事分别代表视觉和听觉。关于听觉方面,我已经在上文提到过,也就是"天籁"以及相关的如下对话:

> 南郭子綦隐机而坐,仰天而嘘,嗒焉似丧其耦。颜成子游立侍乎前,曰:何居乎?形固可使如槁木,而心固可使如死灰乎?今之隐机者,非昔之隐机者也。子綦曰:偃,不亦善乎,而问之也。今者吾丧我,汝知之乎?女闻人籁而未闻地籁,女闻地籁而未闻天籁夫?子游曰:敢问其方?子綦曰:夫大块噫气,其名为风。是唯无作,作则

---

① 本文所依文本为郭庆藩《庄子集释》十卷,思贤讲舍光绪二十年刊。该本辑录了郭象注、陆德明《经典释文·庄子音义》及成玄英疏这三种隋唐时期以前最主要的各注本,免收宋朝以后的各家注释。另外,也收录了清代庄学的主要成就,如卢文弨《经典释文考证·庄子音义考证》、王念孙《读书杂志》、王引之《经传释词》、俞樾《庄子平议》以及郭氏伯父郭嵩焘的大量笔记等,真可谓清学《庄子》诠释的集大成之作。本文着重阐明清学《庄子》诠释的意义问题,所引郭嵩焘和俞樾文字均引自该书。

万窍怒呺,而独不闻之翏翏乎?山林之畏佳,大木百围之窍穴,似鼻似口似耳,似枅似圈似臼,似洼者,似污者,激者,謞者,叱者,吸者,叫者,譹者,宎者,咬者,前者唱于,而随者唱喁,泠风小和,飘风则大和,厉风济则众窍为虚,而独不见之调调之刁刁乎?子游曰:地籁则众窍是已。人籁则比竹是已。敢问天籁?子綦曰:夫吹万不同,而使其自己也。咸其自取,怒者其谁邪?

颜成子游问南郭子綦何以茫然自失。子綦给他讲人籁、地籁和天籁这三籁的区别。《齐物论》开宗明义就讲述这个故事似乎预示着本篇叙述都在围绕此三籁的声音展开。很显然,此段文字的要害在于说明地籁"万窍怒呺"的样貌和天籁"吹万不同,而使其自己也"的作用。但要进一步了解此内涵,我们还是要继续读下文。我们会发现《齐物论》接下来要探讨的是语言问题。《庄子》发难:语言和"鷇音"(幼鸟叫声)究竟有什么不同?就是说,同样是一种声音都属"地籁"之列,语言如果在其本质上与"鷇音"不同的话,其故何在?《庄子》认为"有辩"—如真伪、是非、彼是等等—暂且可以当作语言的特点,从而进一步探讨语言问题。有趣的是,在此发生一个认识方式的转变。从子綦和子游的对话开始,讨论的重点都在声音的层面,也就是在听觉的维度上认识对象。但问题一转换到语言的特点,认识的官能就转移到视觉。《庄子》举出儒墨两家无休止辩论的例子来说明是非之辩的表现

特点,说:

> [儒墨两家]以是其所非,以非其所是。欲是其所非,而非其所是,则莫若以明。

先秦时期儒墨两家互相论战,各自按照自己的是非标准否定对方的是非判断。《庄子》的作者鉴于此,说:与其将对方所"非"判断为"是",所"是"判断为"非",还不如"以明"为善。在这里,"莫若以明"几个字的出现有些唐突。"明"很明显是一种带有视觉意象的概念。《庄子》要求读者考察语言的辨别本质该依赖视觉的认识。我们从听觉的维度进入语言问题,而解决语言问题的秘钥在于"明"这个更像视觉的某种感悟方式。那么,我们应该也顺从《庄子》的逻辑先看看"明"的故事。

二 何为"莫若以明"?

《齐物论》有关光明的阐发中,如下寓言可能比"莫若以明"这一抽象概念更为醒目:

> 故昔者,尧问于舜曰:"我欲伐宗、脍、胥敖。南面而不释然。其故何也?"舜曰:"夫三子者,犹存乎蓬艾之间,若不释然何哉?昔者十日并出,万物皆照,而况德之

进日者乎?"

帝尧曾想征讨崇、脍、胥敖三国,舜以"十日并出"的比喻来劝阻之:"如果同时出现十个太阳,万物都会被照亮起来。何况帝王之德远耀烨于太阳,若您要征讨隐处草丛之间的弱小民族,他们又会怎么样呢?"

据郭象(252?—312)注释,这则寓言要说:万物各在自己的分位上"自生"、"自得",即使从尧看来"蓬艾之间"显得多么卑鄙,但在他们而言,那里也是最适合于他们生存的"妙处",不必使之强从自己。到了近代,章太炎(1869—1936)在郭注的基础上借此寓言反对帝国主义以文明和野蛮的逻辑进行吞并[①]。

[①] 章太炎,《齐物论释重定本》,《章氏丛书》,杭州:浙江图书馆,1919年,第四十五至四十六叶。章太炎揭露文明/野蛮二分法赖以成立的帝国主义逻辑的做法还让人想起冈仓觉三(OKAKURA Kakuzo, 1862—1913)在其英文著作《茶书》(*The Book of Tea*, New York: Fox Duffield &Company, 1906)中对西方话语所做的讥刺:

> 日本人耽溺于和平的文艺时,西方人视之为野蛮的民族,而日本人开始在满洲战场大规模进行杀戮,西方人又称之为文明的民族。最近有关武士道——这是要求我们士兵高高兴兴去粉身丧命的死人之术——的评论盛行。但茶道几乎没有引起任何注意,虽然这种"道"更多地讲述我们的生活之术。如果我们要当一个文明的民族不能不要依仗血腥的战争所得的荣誉,我们宁愿自甘于野蛮民族之列。(冈仓觉三,《茶の本》,村冈博译,东京:岩波书店,1961年改版,p.23)

冈仓同样从老庄思想(他称之为Daoism)受到启发讲述日本茶道的美学品质和其亚洲文化传统背景。但我们应该慎重对待这种阐述和浪漫情绪下的亚洲主义之间的亲和性。章太炎的思想亦不例外。他的以汉族为中心的民族主义情绪早已为人所诟病,是一个例子。

这里的关键在于光亮应有适度的道理。过分明亮的光能反而损毁万物,也就是说:不要看得太清楚!在这里,明亮不只表示太阳光,也包括帝王之德—"圣德"①。郭象说:

> 夫日月虽无私于照,犹有所不及。德则无不得也。

太阳和月亮的光能(自然之光)虽然没有私心,不会偏执一隅,但难免会有一些照不到的地方。德之光则不,它具有把一切东西照亮出来的力量。但过分的亮度是会损伤万物的,看到一切有时罪及所看对象。

但是,值得我们注意的是,《庄子》虽如此告诫却并没有否定照明本身具备的价值。不仅如此,在某种意义上,"明亮"在《庄子》文本中是一个具有终极价值的概念。那就是,上文提到的"莫若以明"。正如引文所示,这个概念用于揭示争论是非的论辩之无效。在这里,和接下来的文字一起,再度引用如下:

> 有儒墨之是非,以是其所非,而非其所是。欲是其所非,而非其所是,则莫若以明。物无非彼,物无非是。自彼则不见,自知则知之。故曰彼出于是,是亦因彼,彼是方生之说也。虽然,方生方死,方死方生,方可方不可,方

---

① 成玄英在郭象之后继续阐明,对文本中的"德"解释为"圣德"。

不可方可,因是因非,因非因是。是以圣人不由,而照之于天,亦因是也。是亦彼也,彼亦是也。彼亦一是非,此亦一是非,果且有彼是乎哉? 果且无彼是乎哉? 彼是莫得其偶,谓之道枢。枢始得其环中,以应无穷。是亦一无穷,非亦一无穷也。故曰莫若以明。

这段引文中有"因是"一词也是需要澄清的另一个重要概念,等下文再论及。先分析一下此文的大意。凡"物"既是"彼"也是"是"。"彼"和"是"是一对相生相成的对待概念。生与死、可与不可、是与非等同样也是相互转化的对待概念。因此,圣人不偏袒其中的任何一方,顺任天之照耀。既然"彼"、"是"相生,互相转化为"是"和"彼",那么","彼"和"是"究竟有无区别? 实际上,在特殊的境遇下,也有不存在对待的可能。这个境遇称作"道枢"。"枢"在是非互相转化的旋转环中间,起到轴心作用,使对待关系的无限旋转转化成为可能。正是以这个结构为基础,"彼是"、"是非"的相对性和相互转化性质得以成立。看来,"以明"就是这种照亮无穷变转的动态机制之谓。

《庄子》说,要识破是非判断的相对性本质,光的照亮作用便是关键。不惟是非判断,要认清对待关系的相互依存本质,就有必要采取圣人"照之于天"的方法。"彼是"、"生死"、"可不可"都与"是非"一样是相对的概念。圣人不依这种对待认识,就"照之于天"。天光不是就照一隅、发自一隅的偏光。譬如,依着自己所好炫耀或夸耀所好物的态度不是真正的"明"。圣人排斥这种"明"法。

> 唯其好之也,以异于彼;其好之也,欲以明之。彼非所明而明之……若是而可谓成乎?虽我亦成也。若是而不可谓成乎?物与我无成也。是故滑疑之耀,圣人之所图也。为是不用,而寓诸庸。此之谓以明。

偏于一方的光照,无法成全所照物。这种偏光叫做"滑疑"之光。"滑疑"是一个令人费解的概念。我们在此应该根据清代考据的方法,要依据古注为准。隋唐之际陆德明(生卒年未详)《经典释文·庄子音义》谓"滑疑,古没反,司马云:乱也"。司马,即司马彪(?—306?),晋人。据陆德明介绍,当时有司马彪注二十一卷五十二篇本《庄子》[①]。没有比这个更早的注脚,应以它为善解。也就是说,滑疑之光是一种令人惑乱的光。因此,圣人只是唾弃它而已[②]。他不为"是"用其意,只寄寓于中庸处。这就是"以明"。由是可见,"以明"作为一种观照的方法,起到一种作用,即:他能使诸如"是非"、"彼是"之

---

① 司马彪所依《庄子》文本有可能是最古老的本子。"庄子五十二篇"见于《汉书·艺文志》,篇数与司马彪本同,陆德明疑为司马所注本就是它。

② 马叙伦以"唾"解"图"。他说:"'图'借为音(tou),同舌音也。《说文》曰:音,相与语唾而不受也。"今从。马叙伦,《庄子义证》第二及十三叶,上海:商务印书馆,1930年。

类的对待概念的相互依存和相互转化的品质如实顺遂。

我们再回到上面的引语"圣人不由,而照之于天,亦因是也"。何谓"因是"呢？实际上,这一词让我们知道,在此所论的光能并不是发自某一特定光源的超越(transcendent)力量。这里没有一个字提及天光来自何方。"天"本身就是明亮。同时,这句话也无法保证圣人在"天"的高处超越地观照是非循环转化的世界图景。因为圣人采取"照之于天"的态度也是一个"因是"而已。对"因是"概念,比较权威的诠释认为这是"顺应自然的运行"之意。① 但若如此解,则无法理解为什么此处以"是"字来代表"自然"。前面明写着"因是因非",显然,此"是"和"非"都表示一隅之见。意思是说,就算是圣人也不能超然于"是非"之境,圣人也处在以自己所在为"是"的约束之中。即使承认有一个观照世界的主体存在,他也一定囿于无法跳出去的地平线。《庄子》用"因是"概念来明确否定圣人的超越地位。

"因是"除了此处之外,《齐物论》中还出现三次,郭象和成玄英各有阐释之言：(一)对"因是已,已而不知其然谓之道",郭注云"达者因而不作",成疏谓"我因循而已";(二)对"喜怒为用,亦因是矣",郭说"因所好而自是也",成则说"混同万物以为其一,因以为一者";(三)对"无适焉,因是矣",郭象谓"各止于其所能乃最是也",成玄英说"因循物性而已"。

---

① 如金谷治译注《庄子》第一册,东京:岩波书店,1971年,p.55。

这些大致上均含"顺应"之意,但顺应于"自然"与否则不一定那么明显。郭象在(二)、(三)中明确说明"是"的意思,显然比解为"自然"更合乎"是非"讨论的语境。关于第二个用例,晚清人物郭嵩焘(1818—1891)质疑成玄英疏,可供参考。他说:"盖赋芧在朝,故以得四而喜,得三而怒。皆所见惟目前之一隅也。是以谓之因也"。郭嵩焘忠实于"因是"中"是"字的意义,也与郭象的注释相近。以"囿于一隅之见"解释"因是"似无大碍。

"天"的光明支撑着是非转化的动态过程,所以在性质上不同于太阳光。"天"的光明告诉我们:连圣人也无法摆脱站在"是非"的一隅。而太阳光可类比于帝王之德,说明它相对于所照世界,明显占据着超越地位。帝王(尧)自己所坚信的超越性实际上仍然也是一个"因是"而已。要照亮"蓬艾之间"的欲望等于要超越自己视域的地平线之欲望,这是一种无法实现的欲望,强要它无非是一种暴力行径。郭象和成玄英都以是解。①

《齐物论》的文本通过揭示是非判断的相对性,要证明以对待组成的论辩语言所隐含的局限性:语言的命名无法捕捉"物"的存在本身所具有的独特性。因此,照亮世界的光能如有可贵之处,那它就在于其能够昭示语言的命名永远无法捕

---

① 郭注:"今欲夺蓬艾之愿,而伐使从己,于至道,岂宏哉?";成疏:"欲兴干戈伐令从己于安任之道,岂曰弘通者耶?"

捉"物"的事实,或曰,告诉我们:语言和"物"的联结正由于这两者之间始终存在着缝隙才得以维持。语言和"物"的一致导致"因是"地位相对性的绝对化。这样,"彼是"的对待性质和由此形成的语言的临时性均遭否定。

有一种光能能给以"道枢"为轴心的旋转运动的永恒持续提供保障,在《庄子》中叫做"葆光"。《齐物论》以灌而不盈,注而不竭的水流的比喻来说明此"葆光"。

> 注焉而不满,酌焉而不竭,而不知其所由来,此之谓葆光。

如何解释"葆光",自古众说纷纭。最早的注脚大概是晋人崔譔(生卒年未详)的"若有若无谓之葆光"解。① 与可比于帝王之德的太阳光相对,用于"以明"之天光的确不同于前者,因为它本来无所谓能照到还是照不到的问题,正如郭象所云"任其自明,故其光不弊也"。而"圣德"作为一种"因是"之光,一旦欲求发挥"以明"的力量,结果会将免于命名的看不见的众物卷入到无穷的旋转运动,使之服从于语言秩序的法则,而在自己的"因是"地位无法消除的条件下,这只能是建立一个等级结构,使自己站到这一金字塔结构的尖端,君临于世界。

---

① 《经典释文·庄子音义》所收录的古注中可以见到崔譔注。据《释文》记载,崔譔本《庄子》十卷二十七篇。

"葆光"与此不同,其光量也不像太阳光那样耀眼,是"若有若无",但对"道枢"的结构和围绕它的运动光照得一清二楚。

三 "玄"/"明"矛盾以及早期启蒙的理性主义

以上是《齐物论》有关光明的叙述内容以及其阐释。但这些毕竟是一种诠释而已,并不是谁阅读都会有同样的观感和理解。甚至有些地方还难免出现严重的意义分歧,如上述"因是"。其他,还有本文对"道枢"的理解实际上也是得益于郭嵩焘,其他各家解释不尽相同。郭嵩焘说:"是非两化而道存焉,故曰道枢。握道之枢以游乎环中。中,空也。是非反覆相寻无穷,若循环然游乎空中。不为是非所役,而后可以应无穷。""道枢"作为是非相互转化运动的轴心这一说法全尽于此。

郭嵩焘"道枢"解出自对郭象的批评。《庄子》对是非之辩的批判是针对儒墨二家之间的论辩而发的。郭象对此解释说,《庄子》的批判告诉我们的是"无是无非"的真理。他认为如果"还以儒墨反覆相明,则所是者非是,而所非者非非矣"。也就是说,颠倒儒墨各自立论根基相互比勘便可知道所"是"并非"是",所"非"亦非"非",从而明白"无非无是"的道理。①

---

① 郭象释文如下:"夫有是有非者,儒墨之所是也;无是无非者,儒墨之所非也。今欲是儒墨之所非,而非儒墨之所是者,乃欲明无是无非也。欲明无是无非,则莫若还以儒墨,反覆相明。反覆相明则所是者非是,而所非者非非矣。非非则无非,非是则无是。"

郭嵩焘对此提出异议,说:

> 今观墨子之书及孟子之辟杨墨,儒墨互相是非,各据所见以求胜。墨者是之,儒者非焉。是非所由,成彼是之所由分也。……"莫若以明"者,还以彼是之所明,互取以相证也。郭注误。

郭嵩焘和郭象的区别在哪里?前者只是说"是非"的区别来自"彼是"之别,"彼是"换位相互明示就知道这一点,而后者说"是"、"非"都可归结于无。郭象这一说法为成玄英所继承,得到了"是非皆虚妄"的进一步诠释。郭嵩焘但说"是非"和"彼是"可互换,并没有由此推导出虚无的结论。

郭象也认为《庄子》"物无非彼,物无非是"归根结底要提出"玄同"的道理来否定彼是之别,①而"成心"构成是非判断,摆脱"成心"的限定才能够"与物冥"。②"玄"和"冥"都与"明"的光亮意象相反,是表示幽暗深邃的语词。因此,郭象的这种解释难免与《庄子》"以明"概念之间发生龃龉。他对"以明"两字并没有进行具体的诠释,与之相对,郭嵩焘沿着"莫若以明"四字来贯穿对是非之辩的诠释,显然比郭象的论

---

① 郭注:"物皆自是,故无非是,物皆相彼,故无非彼,则天下无是矣。无非是,则天下无彼矣。无彼无是,所以玄同也。"
② 《齐物论》:"彼是莫得其偶,谓之道枢"。郭注:"无心者与物冥,而未尝有对于天下也"。

述更为通顺。

郭嵩焘批评郭象的原因就在于郭象"玄"、"冥"的诠释在逻辑上不符合《庄子》"明"有关的文字。① 魏晋时期的玄学诠释和清季郭嵩焘的诠释在"玄"和"明"的两极表现出鲜明的对比,而后者并不是孤立的事例,实际上,其先例可以追溯到明末清初时期,即傅山(1607—1684)已经指出过郭象诠释的这一破绽。他直截了当地说,"若是非可以玄同,则明字竟不可用"。② 事实上,郭象对"玄"和"冥"的重视确实与其"自生"、"独化"思想不甚协调。众所周知,他认为万物不需要有任何原因,就自然而然地存在于此(自生),也与外物的一切不相涉,自己得以化生(独化)。这无疑是一个富于哲学魅力的思想观念,但这与"玄"和"冥"的概念结合起来到底会形成什么样的思想体系呢?且看今人楼宇烈对他的评价:

> 郭象所设计的"玄冥之境"并不是客观物质世界活生生的生成、变化场所,而只是一个抽象、空洞,无形无

---

① 与之相比,楼宇烈试图通过训诂方法要解决"玄"/"明"关系的逻辑缺陷。他认为应以"已明"来解"以明",而在此"明"就是智慧之谓。"已明"则停止运智,"莫若以明"要说明:寻求物之所以然最好的办法莫过于"不用智慧"。楼宇烈以"已"换"以"来试图解决"玄"和"明"的矛盾。这样,《庄子》文本算是照着郭象的神秘主义或者反主知主义思想得到了意义的贯穿。详见楼宇烈,《"莫若以明"释》,《中国哲学》第七辑,1982年。

② 见傅山,《庄子翼批注(一)》,《傅山全书》第二册,太原:山西人民出版社,p. 1071。参见方勇,《庄子学史》第2册,北京:人民出版社,2008年,p. 772。

象,无迹可寻,不可奈何的"天理"、"性命"的彼岸世界图式。可见,郭象所谓的"独化于玄冥之境",在某种意义上讲,就是要天地万物"为命之从"、"依乎天理"。①

郭象用"玄"和"冥"来搪塞过去,没能够对"以明"的机理进行有效的疏解,结果就不能不设置另外一种超越("天理"),陷入了命定论。按楼宇烈的说法,郭象一面崇尚"独化"一面强调"玄冥"的思想最终导致了在全面肯定"天理"和"命"的决定论宇宙观的支配下归结于满足于阶级分化现状的保守主义思想。②

郭象诠释"道枢"时,仍然借助于"玄":

> 彼是相对而圣人两顺之。故无心者,与物冥而未尝有对于天下也。此居其枢要,而会其玄极,以应夫无方也。

---

① 楼宇烈,《郭象哲学思想剖析》,《中国哲学》第一辑,北京:三联书店,1979年,p. 186。
② 同上。户川芳郎(TOGAWA Yoshio)也曾经对郭象政治思想的保守性质和阶级论的缺点进行过批评,而如此概括郭象思想始自侯外庐。参见户川芳郎,《郭象の政治思想とその「荘子注」》,《日本中国学会报》第18辑,1966年(后收入《漢代の学術と文化》,东京:研文出版,2002年。)顺便说明,郭象在《大宗师注》中解释"玄冥"一词为"玄冥者,所以名而非无也"。陆德明在《经典释文·庄子音义》中说:"强名曰玄,视之冥然"。可见,"玄冥"两字在《庄子》书中包含着指明没有命名以前的,或者不可命名的某种状态的意思,而且拒绝命名的"玄"自然是"视之冥然",即不可见。名直接与视觉的明亮连接起来。

在郭象看来，"道枢"是属于圣人的一种"无心"而"冥物"的境界——"玄极"。在那里，彼是的相对性将归结为"无"。这样，郭象将《庄子》从是非之辩直到"道枢"的几段讨论理解为一个圣人这一理想人格观照世界本真图景的故事。但是，这违背于《庄子》"莫若以明"的意思。正如我们已经分析的那样，《庄子》告诉我们圣人所站的位置也只是一个"因是"而已，他不偏袒"是非"任何一方的立场也是一种"是"。换一种说法说，圣人对"是非"相对性以及种种对待概念的相互转化性质之体认属于 transcendental 的层次，但他不可能获得一个 transcendent（超越）的观照眼光。我们很难追溯傅山到郭嵩焘的单线《庄子》学系谱。因为傅山的浩瀚著作中刊行于清朝时期的唯有《霜红龛集》，其解《庄》文字中虽然不乏富于启发性者，但阐述散漫，缺乏体系性。何况《霜红龛集》本身有几个不同版本，校勘也参差不齐。但在清初以王夫之（1619—1692）和傅山等人为嚆矢的思潮中，我们可以看到一个共同的趋向：清代学术明显带有去形而上学的特点，而可以说这种特点纵贯清学一脉相承。

如果要把傅山和郭嵩焘之间的关系从思想连贯性的角度来把握，我们需要把目光投到 17 世纪至 19 世纪的思想潮流。而有趣的是，这一段思想史特征历来被概括为"早期启蒙思想"。这是侯外庐（1903—1987）的著名论断。侯外庐的判断主要基于晚明至清时期的生产方式和阶级关系。他从三个方面概括了 17 世纪兴起的启蒙思想特点：（一）强烈地仇视农奴制度及依存于它的一切产物；（二）拥护教育、自治和自由；（三）同情人民，尤其是农民的利益。① 据侯外庐所论，17世纪的启蒙思想家"在哲学、历史、政治、经济和文学诸方面的'别开生面'，就不仅是反理学运动的量变，而是按他们自己的方式表现出对资本主义世界的绝对要求。"② 那么，这种"对资本主义世界的绝对要求"是怎么形成的呢？侯外庐不完全认同中国社会现代资本主义的内在发展观叙事。他很敏锐地指出，催生这种思想背后有着世界历史的进程，那就是，西方早期殖民主义向东方的扩张，而随之到来的西学知识。耶稣会传教士在宣传宗教的同时，也介绍了天文历算、名理学等西方文明。晚明清初知识分子在这样的时代背景下已经接受将"中国"区别于"天下"的新世界观。侯外庐说："这一系列的思维运动，都是在中国和西方文明交接之后才产生的"。③ 因此，中国启蒙思想的兴起离不开资本主义全球规模的发展及渗透的近代进程。在此趋势下，才出现了梁启超（1873—1929）所说的清代学术"科学精神"。

根据侯外庐的历史划分法，我们可以认为清朝时期的知识话语已经没有孤立于世界了，而他们在西学带来的认识论和世界观的指引下，重构思想话语为中国的学术思想"别开生

---

① 侯外庐，《中国思想通史》第五卷，北京：人民出版社，1956年，pp. 27—30。

② 同上书，p. 30。

③ 同上书，pp. 28—29。

面"。概括地说,这些话语的特点——当然,也包括梁启超所说的"科学精神"在内——主要体现为以理性主义为核心的文本诠释方法和认识论思想,或曰,以反宋明理学的形式出现的去形而上学趋向。比如,自宋朝时期以后流行的,围绕"性"、"理"和"心"等概念展开的形而上学话语开始遭到严重的质疑和批判。正如台湾学者张永堂曾经论述,这种理性主义的转换肇端于西学概念的传入,明清之际形成了对"理"概念的去形而上学化诠释。① 傅山也是其中的一个典型事例。他鄙弃宋儒"性即理"的命题,说它"可笑",并认为应该是"气在理先",即先有万物本源的物质性条件"气",而"气蒸成者始有理,山川、人物、草木、鸟兽、虫鱼皆然。"那么,这些自然存在的万物中之"理"如何能显现出来呢? 他说:"'文理密察'之'理',犹之乎'条理'之'理',从玉从里"、"物之文理之缜密精微者,莫过于玉,故'理'从'玉'"、"韩非曰:'理者,成物之文也。'解'理'字最明切矣"。② 这种"理"观到了乾嘉时期戴震(1724—1777)和段玉裁(1735—1815)得到了体系化,清初崭露端倪的"理"观到了18世纪已经成为了共识,为知识话语提供了基本范式,有效疏解了形上学本体论框架下的各种理学观念。我们同样可以认为,傅山和郭嵩焘对"玄/明"悖论的发

---

① 参见张永堂,《明末清初理学与科学关系再论》,台北:学生书局,1994年。
② 傅山,《理字考》,《傅山全书》第一册,太原:山西人民出版社,1987年,pp.538—539。

现和排除以"玄"为主的郭象神秘主义,完成《齐物论》的"去魅"化诠释,也是在这样一种思想的潮流中才得以实现的。

四 再论"天籁"

可以说,"照亮起来"但"不能把一切照亮起来"是我们在《庄子·齐物论》中找到的有关光明的律法。这不只是一种律法,而且也是根据"无法把一切都照亮起来"的客观约束来得到的一种规律。按理,这种律法和规律在逻辑上无法排除有一些"物"在光照不到的地方存在着的可能。在此,有必要回溯至三籁的寓言,因为听此籁声便是倾听万物"使其自己"的生命赞歌。

我们回想一下:南郭子綦所听到的声音不是语言的声音,而是存在着的万物所"吹"出来的各种声音的全部。生命万物正如风穿过大小不同、形状各异的孔窍时吹出的声音—"地籁"一样,都以各自不同的声色发出声音,证实着自己的生命和生存。而"天籁"则是使万物这样自由发舒吹出不同的声音的作用。《庄子》借着南郭子綦的口来说:"夫吹万不同,使其自己也。咸其自取,怒者其谁邪?"存在着的万物在"天籁"的作用下只是"自取"而已,并不是由"谁"来使之如此。郭象的"自生"、"自得"以及"独化"等概念正是由此建立的。

郭象既没有从因果论的角度论证"物"生成的机理,亦没有阐发自无生有的创造逻辑,他只是认为"物"为"自生"、"自得",从而拒绝设想生"有"之前的"无"。但这种崇有论思想也有陷

入强劲的神秘主义思想之危险。① 关于生成的原因,郭象说:

> 生生者谁哉?块然而自生耳。自生耳,非我生也。我既不能生物,物亦不能生我,则我自然矣。自己而然,则谓之天然。

万物自生且自然而然,无始无终,就是"块然"而生。这"块"是就子綦所说"大块噫气,其名为风"而言的。郭象对此加注说:

> 大块者,无物也。夫噫气者,岂有物哉?气块然而自噫耳。物之生也,莫不块然而自生,则块然之体大矣。故遂以大块为名。

准此,"块"乃无"物"存在其中的"气"块,可表示"物"生成之前世界的空虚状态,也是万物所赖以"自生"的场域。这大概不同于"无中生有"的讨论,因为"块"不能等同于"无"。郭象就是提到"块"来说明"物"得以存在的境域条件。但如

---

① 正如楼宇烈所说:"郭象所谓的'有',只是一个个独自突然发生和变化着的孤立个体,无根无缘,互不关联。不仅如此,这样的'有',就连它自身也不知道为什么一下子就冒了出来。这样的世界,只能是一个神秘莫测的世界。所以说,郭象的'独化'说,在论证天地万物生成和变化的问题上,虽然抛弃了'造物主',却陷入了神秘主义的泥坑。"楼宇烈,《郭象哲学思想剖析》,p. 179。

果这与命定论结合起来,再与超越的圣人之存在(严格地说,圣人不是上帝,所以说他是一个完成"内在超越"的理想人格更为恰当)被放置在一个叙述框架中的话,那么,强劲的保守主义思想会在"自然"、"天然"等概念之下获得合法化。在郭象诠释下的"块"实质上与"玄"、"冥"类似,是回避进一步指明更为具体的某种机理的敷衍之言。清人俞樾(1821—1907)的诠释则不一样:

> 大块者,地也。块乃凷之或体。《说文》上部:"凷,璞也"。盖即《中庸》所谓"一撮土之多"者积而至于广大则成地矣。故以地为大块也。

俞樾通过将"大块"诠释为"地",成功转换"地籁"的比喻为更趋唯物且具象化的意象。郭象以崇有论来对抗魏晋时期贵无论的超越诉求,结果又陷入到"玄"、"冥"和"块"等含混观念,强化了顺从既定现实秩序的保守主义思想。相比之下,俞樾此解说明着万物的本根与地之间的有机关系,更倾向于唯物论。这种处理方式所隐含的可能性应该不为小。①

---

① 井筒俊彦(IZUTSU Toshihiko,1914—1993)曾说,一块土内含着转化为各种各自独立的无数器物之无限可能性,这些器物虽然都是独立的个体,但其从一块土分化出来的根源却都是一样的。这种共同性叫做"Brahman(婆罗门)"。他通过Upanishads(奥义书)相关思想的引介,论述了《庄子》唯名论思想和前者之间的相似性。详见井筒俊彦,《东洋思想》,《読むと書く》,东京:庆应义塾大学出版会,2009年,p.297。

"地籁"通过俞樾的诠释克服了郭象"块然自生"的神秘论,从此,我们可以认为万物的"吹"声代表着产生于大地的每一个生命个体。而这种"吹"声与语言相比,更为原始。《齐物论》说:

> 夫言非吹也。言者有言,其所言者,特未定也,果有言邪?其未尝有言邪?其以为异于鷇音,亦有辩乎?其无辩乎?

语言之所以为语言,必有"辩",即语言的表达内容被要求具备着可辨别性。上述《庄子》有关"是非之辩"的文字跟在其后。我们根据俞樾的诠释可以知道,无"辩"之声不外乎"吹"声,这就是"大块噫气"的"地籁"。"天籁"包容这一切,不会就对语言区别对待,也不会保证语言异于众多"吹"声的特权地位。语言和"鷇音"的区别在于有无"辩"。《庄子》接着自问道:语言如何有"辩"?

> 道恶乎隐而有真伪?言恶乎隐而有是非?道恶乎往而不存?言恶乎存而不可?道隐于小成,言隐于荣华,故有儒墨之是非。

语言的认定全赖于"荣华",并无普遍公正的标准可言。"荣华"应该是与"蓬艾之间"相对而说的。据此"荣华",说此语言的人不知道,那"蓬艾之间"和此"荣华"同样依着"是非之辩"才有这一区别,更不知道"荣华"之言在"地籁"的层面上,也只是众多"吹"声之一而已,与"蓬艾之间"的"鷇音"无别。所以,南郭子綦也回答子游的问话,说"今者吾丧我",即:听着"天籁"的他处在"吾丧我"的忘我之境。① 我们应该想起来,语言的概念形成对待关系,"我"(即"是")和"彼"相对待而成。因此,自我的丧失必然意味着对待关系的另外一方也一并排遣掉。此时进入耳中的一切声音皆以自己的声色讴歌自己的生命,这里已经没有谁是"荣华"的等级观念,任何声音、任何生命都是平等的。可见,看不到的存在也可以听得到的,那就是"天籁"的作用。或者说,万物各自发舒的多样世界图景就是在否定语言辨识功能之后才能够显现出来的,而在这种境界中能听到的声音已经绝不可能只是一种声音。无限多样的声音不可能诱引奥德修斯指向回乡之路。这种路途在"天籁"的世界秩序中本来不会存在的。

---

① 郭象谓:"'吾丧我',我自忘矣"。实际上,如何理解"丧我"是一个疑难问题。俞樾指出,"丧其耦"应该是"吾丧我"的意思,那么,郭象的诠释也应该与其对"丧其耦"的解释合起来看。他说"丧其耦"如若"失其配匹",似与司马彪"耦,身也,身与神为耦"不同。俞樾认为"耦,当读为寓。寓,寄也。"但未举其证,不足为据。马叙伦引《说文解字》"耦,耕广五寸为伐,二伐为耦",并根据段玉裁注释,提出"耦,偶借字"之说。这个问题直接关系到"我"之所以为"我"之故,是一种存在论问题。我们对此先不去深入分析,暂从"自忘"两个字,不论"我"是什么。

五　中国启蒙时期《庄子》阅读与《庄子》的反启蒙色彩

清朝庄学研究,在上由傅山下至郭嵩焘、俞樾、郭庆藩以及章太炎的漫长过程中,出现了很多有关《庄子》文本的大量训诂研究和校勘工作的积累。除了本文已提及的论者之外,清初的王夫之、乾嘉时期的卢文弨、王念孙和王引之父子,晚清的刘师培(1884—1919),接续清学遗绪的国粹派学者马叙伦(1885—1970)等等,都对庄学的发展有很大的贡献。他们所处时代背景各异,在其诠释和叙述的风格和思想上,自然各有千秋,不可能一概而论。但从总的趋向来讲,这种思潮也为《庄子》研究带来了新气象,郭象庄学所包含的神秘主义色彩不能不经历"去魅"化的过程,可看作清代学术思潮的一种表现,也是《庄子》阅读的启蒙化。本文着重探讨郭嵩焘对"以明"和"因是"有关的阐发,就是在与郭象的"玄"、"冥"概念之间进行对比才会显现出其特殊的意义。在侯外庐的叙述中,清朝中期以后以汉学为主的考据学风在思想的表达方面缺少晚明清初经世致用派所具有的批评性,对时代的各种弊端和问题几乎没有能够提出有效批判。但我们不能不忽视清学考据的诠释语言实际上为先秦文本别开生面做到了前所未有的重要贡献。这不是针对训诂校勘恢复文本比较原始的面貌而言,而是在诠释文本的内容以及诠释的思想上的贡献。正如本文所论证的那样,通过清学的眼光,我们才能够获得机会去揭穿"玄"、"冥"概念所掩盖的神秘主义和由此带来的保守主义倾向。清代学术并不是没有思想内容可言,相反,其中确实不乏中国思想话语现代化转型的重要迹象。应该承认,这种迹象也表现在对《庄子》的诠释上。

通过郭嵩焘的诠释可以知道《庄子》崇尚的光明是一种揭示世界的不可超越性。他也对"十日并出"的故事做过这样的解读:

> 夫三子者,蓬艾之间无为辩而分之。万物受日之照而不能遁其形,而于此累十日焉,皆求得万物而照之,则万物之神必敝。日之照,无心者也。德之求辩乎是非,方且以有心出之,又进乎日之照矣。人何所措手足乎?

一个太阳尚可接受,但如果十个太阳同时要照亮万物,除了曝露万物的身体(形)出来之外,还要伤及其精神(神)。即使"无心"的太阳也如此,何况求辩"是非"的德心的危害呢?如果说帝王的"圣德"还胜过太阳的话,人类在这种高超的道德所主宰的语言控制之下还能怎么样?

这是一种控诉,控诉着语言对人的异化。世界应该照亮起来,同时,也要拒绝将一切存在揭示在光天化日之下的强烈光能,一定要存留一些照不到的地方。更确切地说,在

"因是"划定每一个观照主体地平线的约束下,谁也不应该,也不可能要突破这个划界,并占据超越的视域。这种尝试无非是与"蓬艾之间"进行是非论辩的行径,无非是"滑疑"之耀。①

《庄子》的"以明"意味着"葆光"。"葆光"的合法地位来自于它自觉其"因是"之处,自甘于是非轮转变换的无穷运动。这样,才可获得能够摆脱语言命名的暴力。《齐物论》中有"孰知正处,孰知正味,孰知正色"②的慨叹。万物赖以生存的各种环境和嗜好都由"因是"而定,以何为"正"的普遍标准本来就没有成立的余地。

我们通过对《庄子》的阅读了解到,不是使用"玄"、"冥"和"块然"之类的非理性形容词的权宜办法,而是依靠理性的语言才能够把《庄子》中有关语言局限性的思想内容明白地昭示出来。《庄子》思想中论述语言局限性和临时性有关的内容这样才能让读者体会出来,也许是一种吊诡。因为贯彻理性诠释的结果反而把读者的视野引向不同于启蒙思想的《庄子》独特世界。

---

① 王夫之也曾在《庄子解》中谓:"若三子存乎蓬艾之间,而与较是非,则尧与蓬艾类矣。"王夫之,《老子衍庄子通庄子解》,北京:中华书局,2009 年,p. 98。

② 原文如下:"民湿寝则腰疾偏死,鳅然乎哉? 木处则惴慄恂惧,猨猴然乎哉? 三者孰知正处? 民食刍豢,鹿食荐,蝍蛆甘带,鸱鸦耆鼠。四者孰知正味? 猨猵狙以为雌,麋与鹿交,鳅与鱼游。毛嫱丽姬,人之所美也,鱼见之深入,鸟见之高飞,麋鹿见之决骤。四者孰知天下之正色哉?"

六 小 结

本文的出发点在于:从"看"和"听"这两种认知世界的官能的角度来试图探讨有没有另外一种认识方式和所认识到的世界图景。《庄子·齐物论》对语言辨识世界的功能有一种深刻的不信任。但又不是在否定语言之后再设立一个超然于语言秩序的某种主宰性概念。如果我们承认"明"与"智"的可互换性的话,就知道《庄子》对语言的不信任不能等同于对知识的不信任,因为《庄子》始终强调"莫若以明"。但对语言的不信任,或者更确切地说,对语言临时性特点的阐发,也只能通过语言的实践来完成。我在本文中借助于清学眼光分析《齐物论》文本已经足以证明这一点。既然如此,不是完全否定掉语言,而是找寻另外一种语言的存在方式,才是重要的。应注意到,《齐物论》对语言的这种不信任并不是指语言的声音性质而言。"是非"、"彼是"等等对待观念不一定要诉诸声音,以汉字获得意义表达的这些语言更倾向于视觉。而声音或者听觉所涉及的对象与其说是诉诸语言的知识范畴,还不如说是发出声音的存在(生命)本身。可以说,在《齐物论》的叙述当中,听觉直接关系到对他者生存的关怀。

《庄子·齐物论》似乎在要求我们在"明",即知识话语的指引下再想像出一种能够无限容纳他者生存的世界秩序。如果是这样,我们再也不能诉之于诸如"玄"、"冥"之类的两可之言，也不能以"是非"、"前后"、"东西"、"正反"等等简单对待的框架来对每一个存在着的"物"进行评判。至少，有必要的不是寻找并回到"东方思想"的"独特"，而是要在捍卫理性主义话语方式的基础上重新去审视一切既定话语。也许，能做到这地步的时候，才是可以听到"天籁"的时候了，而这个时候，"天籁"已经不会以当年的那种方式"指明真实"了。

实践的思想,思想的实践:有关个体生存的追问及"我们"的时代[*]

绪 论

今天预先接到的讲演主题是"21世纪的中国哲学与日本",我原来打算就"哲学"这一翻译词语在日本明治时期产生的哲学史意义做一个尝试性的讨论。后来考虑到今天的听众主要都是东大本科一、二年级的同学和台大的研究所同学,所以,我认为首先要对我们今天的处境,尤其是日本去年3月份以来经历着的特殊事态,试图从思想的维度做一个思考,这样,对年轻的学生们来讲,有可能更具意义。依我自己初步的观感,要思考本次灾害和其所带来的一连串思想问题,实际上,离不开对20世纪前半叶东亚地区历

---

[*] 本文系东京大学与台湾大学联合举办"感受台湾:文化和哲学"研习班开幕典礼上的讲演(2012年2月20日,台湾大学哲学系)。

史的反思。因为"中国"①作为日本不可忽略的、最近的他者,深深地镶嵌在日本人对存在和自我认同的一切思考。"3.11"的浩劫和后来至今的社会动向重新为反思生命和存在的问题开启了门锁。这是日本于1945年战败之后经历的第二次历史转折点。1945年之前的经验,其大部分都是"中国"经验。因此,思考"3.11"必须要回到"中国"问题。

鉴于如上想法,我借用20世纪杰出文学家武田泰淳(TAKEDA Taijun, 1912—1976)有关的思考,试图提出在灾难濒临之际的思想实践所隐含的潜力和可能性。

一 一个"3.11"大地震的经验

2011年3月11日下午,靠近日本本州岛东部的太平洋北部海域发生了巨大地震。影响波及整个日本东部,包括首都东京以及周围县市。除了里氏9.0级的最大地震之外,随后的一个小时内相继发生三起超过7级的地震,震源区的面积之大极其罕见,其跨度达到200公里和500公里。位于板块交界处的海沟附近发生的地震必然导致海啸,日本官民都熟

---

① "中国"在这里不一定就代表着拥有特定区域、特定政体和特定国族的实体存在,而是它作为一种理念象征着在现代条件下和日本构成相互缠绕关系的亚洲他者以及其关系链。所以,在不涉及实体中国的前提之下,这个理念符号也可以替换为"台湾",也可以替换为"韩国"或"朝鲜"。

知震后会来海啸的机理,但连地震专家都未曾认真预测过的大震级地震,受其连动发生所引发的海啸之大远远超出人们的想像,浪高超过10米,足以淹没四层楼房的海啸甚至到达了海拔40多米的高处,一夜之间吞没了日本东部沿岸,尤其是东北地区的沿海城镇。受到最严重袭击的几个城镇的行政功能完全瘫痪,原来和平安全的市区街道与气势雄伟的坚固混凝土防潮大堤一起变成了瓦砾。

住在重灾区宫城县仙台市的歌人①大口玲子(OGUCHI Ryoko)事后不久在《每日新闻》发表一篇短文说:"因为有了几个偶然的因素,才使我活在今天。多么的庆幸,也多么的可怕。"②"庆幸"固然代表着经历了那么大的浩劫之后还幸免于难的喜悦心情。"可怕"的不只是这次大地震和特大海啸本身带来的灾厄,更是从那个时候起就笼罩生活世界的一种"语言的失灵"状况。她说:

> 身处东北,却听不到东北的声音。其悲鸣、其叫唤的声音传不到我这里。东京的演播室里发出来的语言,其大部分,在我听来,就是显得空乏。……因地震灾害而遭到破坏的东西之一,恐怕是语言的远近感。我此时所用

---

① "歌人"是指吟诵日本传统格律诗之一种"短歌"(亦称"和歌")的诗人。短歌以31个音节组成的传统短诗形式,历史悠久,着名的日本第一部和歌集《万叶集》成立于8世纪。

② 大口玲子,《「何か」が壊れてしまった》,《每日新聞》2011年3月27日。

的语言也许不是属于我自己的语言,而是新闻节目的语言。我昨晚听到的也许不是我丈夫的声音,而是一个死者的声音。①

在超乎想像的巨大灾难面前,人的语言竟然如此软弱无力。声音的隔绝甚至让人怀疑自己最爱的丈夫是不是还在她身边。也许,此时的作者借此寻找与死难者邂逅、聆听他们诉说的机会,但这,早已经做不到了。何况,被海啸冲走的遇难者中还有三千多人仍下落不明。

如何用语言来叙述或纪录灾难?不,为什么需要用语言来叙述它?危急关头语言还能有何作为?大口所谓语言的"远近感"是从"远近法"而来的说法。"远近法"就是透视法的日语称法。她的震惊来自于巨大自然灾害摧毁一切人为的威力,她感叹的不是在灾难面前不知所措的失语状态,而是灾难带来的人心慌乱和现代传媒体制的虚拟品质导致的语言名实关系的严重失序。就像画家利用透视法保证绘图完美的几何结构一样,这位在摇晃的语言面前显示畏惧的现代歌人欲求短歌的格律来重新规整语言的秩序。当然,我们不能因此就认为这种欲望寻求的是静止不变的保守结构。因为不管是诗歌还是其它任何文本都从一开始就包含着产生某种剩余的

---

① 大口玲子,《「何か」が壊れてしまった》,《每日新聞》2011年3月27日。

可能,这是不可避免的命运也是保持文本命脉的奥秘所在。欲求诉诸格律表达心声的作者实质上同时欲求与他者之间搭上新的关系桥梁。大口说:

> 从避难所的人们、失去亲友的人们看来,我的短歌也许也显得空乏。但无论如何,我想凝视眼前的现实,吟诵我的作品。①

既定秩序突如其来的毁灭出乎预料地给人们敞开了重整语言、重塑"我们"世界的难得机遇。这是痛苦不堪的经验,但我们也许从痛苦中找到新的起源。② 为了重塑世界,能起到关键性作用的重要触媒乃是与他者的邂逅。但与他者邂逅又绝非易事。

二 武田泰淳的废墟经验

我们先回顾一下70年前应召为兵被派到中国战场的文学家武田泰淳在面对侵略军的战火践踏的废墟时发出的

---

① 大口玲子,《「何か」が壊れてしまった》,《每日新聞》2011年3月27日。
② 关于"起源"的提法,我参考了村井则夫(MURAI Norio)有关海德格尔对古希腊哲学的诠释方面的阐发。参见村井则夫,《ハイデガーと前ソクラテス期の哲学者たち》,神崎繁、熊野纯彦、铃木泉主编《西洋哲学史I》,讲谈社,2011年。

感喟：

> 文化竟然如此无力！那时,我仰观几万只乌鸦成群乱飞的天空,俯视永远混浊流淌的无言江水,而叹息不已。我们所研究、爱惜的支那文化难道如此软弱无力地遭到破坏,走向消灭?①

武田泰淳,日本著名小说家,1931年入东京帝国大学支那文学科,与同班同学,也是后来成为著名日本战后知识分子的中国文学研究者竹内好(TAKEUCHI Yoshimi,1910—1977)一起,设立了"中国文学研究会",提倡研究现代中国以替代业已僵化的汉学研究。他对中国的文化历史所持有的特殊感情促使他产生如上感受。战争留下的废墟瓦砾和散乱于其中的众多古籍让他不得不思考"文化"的真正意义所在何处:"文化难道只不过是像这块砖头一样杂乱的堆积物吗?是毫无意义地被垒起来后又自己崩溃下去的东西吗?"②

无情、非道的战争使历史典籍归为破败不堪的废纸堆,

---

① 武田泰淳,《支那文化に関する手紙》,《武田泰淳全集》第11卷,筑摩書房,1971年,p. 241。初刊于《中国文学月报》第58号,1940年。中国文学研究会极力反对日本汉学界将中国文学称为"支那文学"的做法。但不知为什么武田在文章中仍然使用他们极力排斥的"支那"两字。在这里,我不打算追究个中原因为何,暂且不去修改武田原话,以便尽可能地显示他的语言的原始风貌。
② 同上书,pp. 241—242。

城镇的破坏似乎直接就意味着文化的毁灭。无论是天灾也好,抑或是战争也罢,都可以把人类经过长时间的耕耘建成的文化和文明毁于一旦。3.11地震海啸之后"语言远近感的丧失"、战火烧尽的城市废墟中变成瓦砾的史书,都彷彿告诉人们语言和叙事在灾难面前失去其价值。那么,语言的书写究竟有什么实践意义?在"国破山河在"的凄凉情景面前,以写作或者思想为业的人们除了发愣般接受自己的悲惨命运之外,难道没有其他的作为吗?大口玲子的创作欲望明显指向未来的他者。武田的文学是不是也一样?

且看武田泰淳接下来的文字:

> 二十四史算什么?北京图书馆又算什么?即使一万卷书如烟消散,我这个傻乎乎的面孔却依然如故。就算一切东西都烧亡殆尽,如果还留下一支身子能够搂住自己"文化",那就足够了。连一个值得拥抱不放的东西都没有,却要高喊文化,实在是太轻浮了。我不想看到玩弄支那文化的那些令人生厌的手势。只知利用而不知爱护的"研究"算什么?[①]

武田曾一度在安徽芦洲的一个公园烧柴取暖。虽说是"柴禾",实际上,他的身边并没有树枝、废木料等物。他是拿

---

① 武田泰淳,《支那文化に関する手紙》,前揭,pp.242—243。

木版本《朱子全书》、《宋史》和种种拓本当柴烧的。正当他自问他是不是"已经把文化烧成灰烬和碎片,淹到湖水中"的时候,遇到一个穷孩子在那儿捡枯叶。他发觉,人工建成的公园是书籍的隐喻,没有人影的公园便等于灾难中被丢弃成废纸的典籍。于是说:

> 梦想在无人的公园里又出现游玩的人影——你不觉得这种梦想就表示对文化的某种意志吗?如果是,那么此时的文化无非是一个含有意志的梦想。①

在这里,武田泰淳试图要对文化概念的内涵做出全新的解释:文化不是文物的统称,也不是纪录人类活动的书写语言,而是活在各种不同的处境中寻求欢乐的每一个人之存在本身。于是,他说到:

> 前不久有一位京都的先生对一位东京的先生所写的有关支那文学史方法论的文章做了评论。我们研究会也三年前出版过一辑方法论专辑。但至今,对我来说,方法论只不过是这样一个东西而已:是将来比秦始皇的焚书还要更广泛的文化破坏发生的那天,一个人矗立在被烧毁的废墟中时不由产生的个人情感。我现在才知道,哪怕是一本书

---

① 武田泰淳,《支那文化に関する手紙》,前揭,p. 243。

也好,对它做一次沁人肺腑的阅读经验,是多么的困难!①

武田泰淳的废墟经验让他重申他和中国文学研究会同人之所以要改变日本汉学界的积习,号召着重研究现代中国的主张之缘由:

> 我在战地的时候,听说赛珍珠《大地》译本出版,在日本很受欢迎。我在内地时已经读过她的汉译版《大地》。那时,我觉得它与众多支那作家所写的农民小说相比,并没有特别优异的地方。美国人的《大地》在内地如此受青睐,是出乎我的预料的。加之,与其说是预料之外,还不如说,我为日本感到遗憾。内地读者为什么满足于美国人创作的这部叫做《大地》的作品?②

他对日本人无法捕捉中国人活生生的生活实况之事实很不满意。而走上战场的极端经验给他提供了使他认识"活的、劳动的支那人"的第一次机会。由于战场上的特殊经历才使得他悟出"文化"的真正内涵在于活人、活生活的道理:

> 我们在战地看到的支那土民的脸上显示着如土般坚

---

① 武田泰淳,《支那文化に関する手紙》,前揭,p. 243。
② 同上书,p. 239。

固的智慧,刻画着传统情感的阴影,还有从未被叙说的哲学之深深皱纹。……我们所看到的支那人都是活着的,劳动着的人们。这不是讽刺,我从诚心不能不如此说。是活着的、劳动着的支那人建设着支那。支那就是这么一个地方。她不是谜,也不是怪物,更不是狮子。她是通达人情和爱心的社会。①

他的这些观念转变的过程并没有让他放弃书写实践,反之,如果武田的这种转变仅仅停留在摆脱书本深入到实际生活中去的认识转换层次上的话,退役后的佳作《司马迁》(1943年)则无法诞生。其开头,武田就说司马迁"暴露了自己活着的羞辱"。"活着的羞辱"是一句不能不使读者震惊的开场白。他在战场的经验无疑给他对司马迁意象的塑造提供了重要的启示。根据当代文学评论家川西政明(KAWANISHI Masaaki)的阐释,武田被迫站在"杀过中国人的一方"的经验便是他战场经验的本质。② 但应该还有更重要而且川西并没有论及的一个不可忽略的问题:在战火烧尽的废墟里深感史书无益于"文化"的泰淳,为什么将其"羞辱"的人生又托付给了司马迁这一人类历史中最伟大的历史家呢? 司马迁为什么经历了"活着的羞辱"之后还有必要撰写《史记》,而没有诉诸

---

① 武田泰淳,《支那文化に関する手紙》,前揭,p. 239。
② 川西政明,《解説》,武田泰淳,《評論集 滅亡について 他三十篇》,岩波文库,1992年,p. 361。

别种方式？把史书拿来当成柴禾,用作维持生命之料的武田泰淳为什么至此还要通过描摹史家的世界来试图证明自己生命的意义？

在《司马迁·自序》中,武田泰淳说:

> 我们自从学生时代就对汉学这么个东西抱有反感。不是反感,更确切地说,压根儿没有产生兴趣。……身为日本人,研究支那文化之道应该在于别处。我们决心:无论如何也要依靠自己的挣扎,自己挖掘出其道来。……要而言之,我们寻觅的大概是"文学"本身或者"哲学"本身,而不是支那文学、支那哲学之类。①

根据司马迁《报任安书》的记载,司马迁之所以坚持完成《史记》的撰写,主要由于他身为史官的操守和矜持。但按照武田泰淳的阅读,司马迁对撰史的执着,还有很大的原因是他对世界进行完整描述的渴望。司马迁必须要靠他一个人的力量来完成这个任重道远的浩大工程,而且他的确完成了。司马迁通过撰史直接面对整个世界,"史"的写作实践在这里则表示书写者拿出自己的生命形构世界的气魄。

因为抱有强烈的获罪感("活着的羞辱")而默默忍耐的

---

① 武田泰淳,《司馬遷·自序》,《武田泰淳全集》第11卷,筑摩书房,1971年,p.3。

孤独人物是武田作品中经常出现的典型人物形象。比较典型的例子有：描述处于你死我活的极限状态中人物的中篇小说《光苔》的主人公。他是一位小船隻的船长。他的船隻在北海道近海遇到恶劣天气而翻覆，他和4个船员得以幸存，在"ペキン岬"上岸等待救援。这个虚构的地名日语读音就是"北京"，其包含的隐喻十分明显。困在寒冷雪天中无法自救的他们日渐衰弱，在极限状况中食用同事尸体的肉维持其生命。最后活下来的人只有船长一个人。于是，他因涉嫌损伤尸体和遗弃尸体而被捕送上法庭。面对法官对他的种种提问，他始终拒绝回答，代之，反复说明他在"忍耐"。为什么忍耐？他说，因为坐在这个法庭的所有人中唯独他"吃过人"。他主张只有"吃过人"的和"被人吃过的人"审理他，这个审判才有意义，因此，从他看来不可能有人具备资格主持这场法庭。[①]

还有一次，在《秋风秋雨愁杀人》中，武田描写他从鲁迅家乡绍兴回来之后戴着农民的黑毡帽在电视节目中与主持人谈话的情景。他对节目主持人对帽子的好奇（带有明显的讥笑意味）感到厌烦的同时，对主持人的所说所作始终心中诟骂但表面上保持"忍耐"的态度。

---

① 武田泰淳，《ひかりごけ》，《武田泰淳全集》第5卷，筑摩书房，1971年，pp.171—206。

鲁迅的《药》与秋瑾的处刑有着关联。这是有人把浸泡在被杀掉的犯人生血中的馒头买回去喂给患有肺病的幼儿的故事。并没有纪录说有人在秋瑾被处死的时候把她的血当药给生病的孩子吃。但我相信,鲁迅的青年时代,把泡在被处死的革命家之血中的馒头带回家去的故事肯定是广泛传布的。……鲁迅的幼年时代,绍兴农民不管下雨天、刮风天,还是夏天的早晨、冬天的夜晚,都是戴着这黑毡帽的。那么,秋瑾女士活跃于绍兴的时候,她周围的农夫也肯定爱戴这黑毡帽。……这个事实虽然是一个平凡的现象,但依我看,这彷佛是一个非常可怖的真实。①

中国的革命是农民的革命,农民是革命的主人翁。但是,鲁迅的著名短篇小说《药》中的农民却把革命烈士的血喂给自己家中的孩子。武田考察绍兴的时候,遇到无数围观的老百姓,好奇地观察着这个外国客人(而且是一个"鬼子")要购得一个黑毡帽。围观的无辜民众很容易让人想起鲁迅在仙台留学时的"幻灯事件",黑毡帽作为中国近代历史的象征不可避免地承载着革命曲折甚至弔诡的历程。

---

① 武田泰淳,《秋風秋雨人を愁殺す》,《武田泰淳全集》第9卷,筑摩书房,1972年,pp. 250—251。

> 对这些东京时尚男女们,怎么能够讲述渗进这个黑毡帽中的,中国革命历史之黝黑黝黑的深刻意涵?……我想告诉东京时髦族的是,无论何时,绍兴的劳动人民一直戴着这种黑毡帽的简单事实。他们戴这种黑色帽子和时尚潮流没有任何关系,鲁迅也好,秋瑾也好,都是和戴着黑毡帽的民众一起生长,一起活动,一起死去的。怎么能够给摆弄华丽语言的电视台演出人员传达鲁迅和秋瑾的心思?①

武田泰淳一定要亲自买一个黑毡帽,就为了亲自戴上这个黑毡帽。这样,他的"活着的羞辱"才能够融化进中国革命的光荣和黑暗。

于是,忍耐和孤独似乎贯穿武田泰淳文学世界的重要位置。可以说,孤独的忍耐之所以可能,是因为有书写的存在。他把"羞辱"带来的孤独感之全部投入到他的书写活动中去,正如他笔下的司马迁一样。在此,书写文本已经不是能够以"精神的慰藉"之类的语言来解释的。这种书写方式与其说欲求触摸他者的心灵,倒不如说是一种面对自我罪责的尝试。

三 个体生命的界限与世界

要对《司马迁》这部作品进行论述,恐怕需要较大的篇幅

---

① 武田泰淳,《秋風秋雨人を愁殺す》,前揭,pp. 251—252。

和高深的知识,我在此难以胜其任。就有一点想指出,这是一部很奇怪的作品。武田试图以"个人"的存在为切入点要将司马迁的历史叙事理解成一种对"世界构造"的完整描述。世界由人类的历史来组成,描述世界构造必须要将独立的、生活的"个人"作为切入点,因此他说,司马迁将卓尔不群的伟大个人暂定为世界的中心,从而开始了他的历史叙事,"本纪"就是为奠定"世界的中心"设置的。但设定世界中心的试图遇到十二本纪本身的变化更替的过程便惨遭否定。至项羽的出现,只有一个太阳(即世界的唯一中心)无法做到结构世界了,遂有"两个中心"。通过世界中心的奠定,描述完整世界构造的目的,因此很快就遭到否定。所以,在"结论"中,武田也坦白说:

> 《史记》的世界终究就是令人困惑的世界。像司马迁那样想像世界是一件颇让人困惑的事情。尤其是,无法相信世界中心这一点上,和现代日本人完全对立。①

他从中心的个人写起,但又马上就否定中心能够定立的可能,世界的历史原来就不可能有所谓中心。他说这种历史"令人困惑",而实际上,他写《司马迁》的企图从一开始就是要否定这种以强烈的向心力来统摄全世界的那种世界观。

---

① 武田泰淳,《司馬遷》,前揭,p. 113。

武田在中国觉察到了"活着的,劳动的"人民的生命本身就是等于"文化"的道理。但这并不只是对活着的生命之乐观赞歌。他在另外一篇短文中专门讨论个体生命"灭亡"的问题。无论何人,只要他是一个活着的个人终归要走向灭亡。他说,灭亡本身不值得感到悲哀,因为灭亡就是一个自然的事实而已。① 而个体的灭亡作为世界有机体新陈代谢的正常现象,如果没有个体的灭亡,那么,整个世界本身面临衰退,最后消灭。所以,真正的灭亡不是个体生命的终结,而是"整个的灭亡"。

> 灭亡的真正意义在于它是整个的灭亡。正如启示录所显示的那样,它是由硫磺、烟火和猛兽毒蛇完成的彻底灭亡。与这个大的灭亡相比,现实的灭亡如此渺小,这就是被灭亡者唯一的慰藉。日本的国土上只投了两颗原子弹,所以,我们也活下来了。这就是日本人要开步走的条件。……从"世界"的眼光来看,日本的部分灭亡,和因此免于灭亡的残余部分的生存,也许是像尚未消化的嚼不烂而令人不快的食物般的东西。但即使破坏的规模只是这些,也可以对日本的历史,或者对日本人有关灭亡的感觉的历史,展示一个全新的,完全不同于从前的整体灭亡的相貌。②

---

① 武田泰淳,《滅亡について》,《評論集 滅亡について 他三十篇》,p. 22。
② 同上书,pp. 24—25。

我们至此才能够知道武田泰淳为什么既要"忍耐"，又要诉诸历史叙事来证明"羞辱"的自身的存在意义之理由。那是因为，只有"羞辱"的人们才有资格将部分灭亡的历史记录下来以备未来的人类要消化"嚼不烂的残余"之用。

当代日本著名的哲学家西谷修(NISHITANI Osamu)曾经阐释海德格尔和列维纳斯有关存在主义的思想时说，海德格尔思想中的恐怖是"死亡的恐怖"，而列维纳斯则是"死不掉的恐怖"①。西谷由此阐发"广岛"的启示：

> 核战争如果真的灭绝人类的话，那么我们就此瞑目也罢了。没有比这个更轻松的了。但实际上不能这样。即便这样人类还是不能死掉的。当然很多人可以死去。但还有很多人会活下来。因为这样所以才悲惨呢。因为这样才是"灾厄"呢！核战争真正的恐怖，并不是它使人类灭亡，而是因为人类还不能因此而死掉。真正的恐怖不是出于对死亡的焦虑，而是对死不掉的恐怖。这也是列维纳斯所说的。而正是"广岛"暴露了这一点。②

---

① 西谷修，《不死のワンダーランド》，青土社，1990年。
② 西谷修，《夜の鼓動に触れる—戦争論講義》，东京大学出版会，1995年，pp. 175—176。

西谷说,人作为"世界内存在(In-der-Welt-sein)"的可能性基础就是所有的个体人生都要走向死亡的真实,这才充实了专属于"此在(Dasein)"的生命意义。但如果经由武田泰淳的上述相关描述,在经历"部分灭亡"之后,此在的意义又有了不同的内涵。

西谷修接受海德格尔的同时,沿着列维纳斯的思路,要判定现代文明给人类带来的痛苦便是"死亡的不可能性"。如果我们可以从"死亡的不可能"联想到佛家的轮回观念,那么,"不能死亡"的恐怖似乎也变得比较容易解释了。武田抱着"活着的羞辱"面对世界,但在另一方面他对"走向死亡的个体生命"做一个佛学式的积极诠释。

> "一切事物都在变化之中"是佛教的一个定理。如果把它仅仅理解为《平家物语》所说的"诸行无常"之沉寂以及"物之哀"的咏叹,那就不对了。因为正如灭亡是变化的一部分一样,发展也是变化的一部分。人当触到变化之相(真相、另相)之际,会受到打击,体认极限状况的冰冻墙面。但是,这绝不意味着一切至此告终,而是意味着一切由此重新开始。
>
> "一切事物都在变化之中"的定理是和"一切事物都处在相互关联之中"的定理相辅而成的。……所有的事物正因为可以变化,才可以在某处发生相互关联。除了由过去通往未来的纵向一条"无常"的连锁之外,横向一

面铺开的"缘起"的关系，会在此形成。①

我们不可能也不应该把这段话理解为武田泰淳强调生命万般变化的无限流转性质是对生命轮回的赞颂。经历灭亡或者他者死亡的每一个个体都承载着"羞辱"的包袱，这大概也是崭露伦理基础的一个重要节点。我们可以想起孔子所说的"哀莫大于心死，而人死亦次之"。② 再者，"缘起"的关系可以当成不同于一脉相承的纵向历史关系的另外一种存在方式。《司马迁》试图描摹的"世界构造"作为横向空间维度的历史图像，自然也离不开这种"缘起"。换句话说，"缘起"勾起的是一种变化无穷而无"中心—边缘"力学关系的一种"平等"的关系链。

四 "我们"的时代与来自过去的期许

我已经讲了这么多，却有一件重要的事情还没有提到。当然不是无意之间忽略过去了，而是一直等待机会讲出来。那就是：3.11地震之后发生的核电站爆炸事故以及由此带来的严重核泄漏事件。这起事故至今谁也不知道什么时候能够

---

① 武田泰淳，《限界状況における人間》，《評論集 滅亡について他三十篇》，岩波文庫，1992年，pp.72—73。
② 《庄子·田子方》。可参见章太炎，《齐物论释重定本》，《章氏丛书》浙江图书馆1919年刊本，第七十叶。

把电厂内外的核能完全控制在有序的系统之中,更不知道覆盖整个东部日本的核物质将来会给受害地区民众带来多大程度的恶劣影响。实际上,核能危害的认定纯粹是属于政治问题。因为核辐射根本闻不着也摸不着,唯一的办法是用仪器检测把它量化,但在如何估算核物质对人身体的危害的问题上,可供根据的实证研究实在是寥若晨星。尤其是,诸如"水俣病"等公害诉讼的艰难步伐所预示的那样,证明疾病的发生和核辐射之间的因果关系也需要未来的受害者必须坚持长期不懈的法庭斗争。① 我们在面对这种尴尬局面时不由得想起孔子"必也正名乎?"的告诫。"语言远近感"的丧失扰乱语言名实关系的情况下,歌人大口玲子只能离开电视机前,有意识地远离众说纷纭,但又迫于减少政治摩擦的无形压力趋于同化的相关议论。这次福岛核事故与1987年的切尔诺贝利事故之间至少有一点完全不一样:福岛事故没有发生因核辐射而遭受人员死亡的悲剧。但是,经过以上的思考之后,我们真正需要分析的是:福岛事故至今没有导致灭亡的事实和包括东京②(3月份蒙受了大量核物质的降落)在内的广大受害

---

① "水俣病"是一种汞中毒疾病。1956年在日本熊本县水俣市发现首次病例,故得名。该地一家工厂长期排放未经过无毒化处理的含汞废物,导致周边海域严重汞污染,当地居民因食用污染鱼而出现不同程度的神经症状,严重者甚至死亡,也给胎儿带来包括大脑麻痹等在内的先天性疾病。要求国家和工厂进行补偿的民事诉讼不间断发生,一直持续到现在。

② 福岛核电站位于东北地区,但它是东京电力公司属下的电厂。意思就是,福岛核电站是专门为首都生产电力的需要而建的。

地区居民对此问题的惊人冷漠态度有无一定的因果关系？我们要想,看着武田泰淳戴着中国黑毡帽,喋喋不休地议论其时尚性的电视台主持人曾经还直接间接地参与1945年之前日本的帝国主义殖民统治和侵略行径的事实意味着什么？如果他们真的像武田想像的那样,对中国革命的曲折历程一无所知的话,那不是因为他们的生活和那场战争毫无关系的缘故,而是他们自己早就把自己和中国之间深刻瓜葛的历史遗忘掉的结果。

武田泰淳在上引《关于支那文化的书信》中,以不无带有喜悦的口吻还这样说过：

> 好几万人亲眼看到"支那"之后又回来了！我难以估计这个事实对日本文化历史来讲究竟有多深刻的意义。……多数士兵在支那生活之后回来,我想,这实质上不是学者先生的学术问题,也不是沽酒商人的收益问题,而是生活的问题,换句话讲,就是文化的问题。①

与武田的美好想像不同,"生活的问题"和"文化的问题"并没有在战后的日本社会产生可观的变化。邂逅活着的他者看来不是一件容易做到的事情。而邂逅机会的丧失无疑会让人错过产生伦理的机遇。如果说,二战后的日本经济发展以

---

① 武田泰淳,《支那文化に関する手纸》,前揭,p.238。

抹去他者的痕迹为代价得以实现的话,面对这次灾难,日本社会中的人们还能不能在他者的呼唤中重新捡起那被遗忘了的东西?如果说,武田的期许至今并没有兑现的话,今天又是由谁来回应遥远的呼唤呢?

图书在版编目(CIP)数据

齐物的哲学:章太炎与中国现代思想的东亚经验/石井刚著.
--上海:华东师范大学出版社,2016.10
ISBN 978-7-5675-5397-2

Ⅰ.①齐… Ⅱ.①石… Ⅲ.①章太炎(1869—1936)—学术思想—研究 ②思想史—研究—中国—现代 Ⅳ.①B259.25 ②B261.5

中国版本图书馆 CIP 数据核字(2016)第 144336 号

华东师范大学出版社六点分社
企划人 倪为国

本书著作权、版式和装帧设计受世界版权公约和中华人民共和国著作权法保护

六点评论
齐物的哲学

著 者	石井刚
责任编辑	陈哲泓
封面设计	崔楚
出版发行	华东师范大学出版社
社 址	上海市中山北路3663号 邮编 200062
网 址	www.ecnupress.com.cn
电 话	021-60821666 行政传真 021-62572105
客服电话	021-62865537 门市(邮购)电话 021-62869887
地 址	上海市中山北路3663号华东师范大学校内先锋路口
网 店	http://hdsdcbs.tmall.com
印刷者	上海盛隆印务有限公司
开 本	889×1194 1/32
印 张	6.5
字 数	100千字
版 次	2016年10月第1版
印 次	2016年10月第1次
书 号	ISBN 978-7-5675-5397-2/B·1024
定 价	38.00元

出版人 王焰

(如发现本版图书有印订质量问题,请寄回本社客服中心调换或电话021-62865537联系)